医療系の ための 臨床心理学

竹森元彦 編著

講談社

JN042289

執筆者一覧

（執筆順）

編著者

竹森元彦
香川大学医学部臨床心理学科　心理療法実践学（2, 13章）

著者

神原憲治
香川大学医学部臨床心理学科　心身医学（1章）

坂中尚哉
香川大学医学部臨床心理学科　心理実践指導学（3章）

橋本忠行
香川大学医学部臨床心理学科　心理アセスメント学（4章）

谷渕真也
香川大学医学部臨床心理学科　心理実践教育学（5章）

角　徳文
香川大学医学部精神神経科学　精神医学（6章）

山下明子
香川大学医学部臨床心理学科　臨床心理学（6章）

加藤育子
香川大学医学部健康科学（7章）

岡田宏基
宇多津病院心療内科（8章）

林　智一
香川大学医学部臨床心理学科　発達臨床心理学（9章）

野口修司
香川大学医学部臨床心理学科　社会・集団心理学（10章）

太田美里
香川大学医学部臨床心理学科　臨床心理学（11章）

長谷綾子
香川大学医学部臨床心理学科　心理実践職能学（12章）

はじめに

医療従事者のための臨床心理学の必要性

　国家資格である公認心理師の制度がはじまり，身体の治療だけではなく，治療にともなった心理的ケアの重要性がますます認識されています。最先端の治療技術が進歩すればするほど，患者自身がその治療をどう受け入れていくのかといった心の問題が重要となり，あるいは治療にともなった不安や苦悩を一緒に考えていくという心理的ケアの側面が必要となります。また，チーム医療が叫ばれている中で，医療系（医師，看護師，公認心理師，そのほかの専門職）の方が臨床心理学を学ぶことは，多職種が心理的ケアの側面から連携するために不可欠です。臨床心理学の知識に対する理解があれば，医療現場に公認心理師や臨床心理士などの心理専門職がいることによってダイナミックな連携がうまれて，治療やケアの質をどう高めることができるのかについて共通理解することができます。それぞれの独自性を理解しながら，連携することが大切なのです。

臨床心理学の考え方やアプローチの実際について

　心理療法や心理的ケアとは何か，心理的援助とはどのような学問体系に基づくのかなど，医療に携わる方々，また，医療の素養について学びたい初学者の方にもわかりやすく臨床心理学の全体像を示すために，本書を出版しました。また本書は，国立大学で初めて医学部に設置された臨床心理学科である香川大学医学部臨床心理学科と医学系研究科大学院臨床心理学専攻における教育および医療系心理実習を通して，医師や看護師が心理職に何を必要としているのかという実践知に基づいて解説しています。できるだけ具体的な事例を通して，医療系の学生にとって大切である臨床心理学の考え方やアプローチについて提示することを目指しました。

構成について

　第1章では，心と身体の関係やつながりについて心療内科を専門とする神原氏に，2章は，カウンセリング（心理療法）の基本について竹森が，3章では心理療法の理論と心理臨床の実際について坂中氏が解説しました。4章は，心理的アセスメントを専門とされる橋本氏，5章は，コミュニティ心理学を専門とされる谷渕氏にお願いしました。6〜8章は臨床現場の話題です。6章・精神科における心理臨床では，精神・神経科の専門である角氏，精神・神経科の心理職として経験のある山下氏，7章は，小児科での実習指導を担当する小児科医の加藤氏，8章は，心療内科医として活躍されている岡田氏にお願いしました。9章〜11章は各論となります。特に，発達心理学，家族心理学，トラウマの心理学は心のケアに求められる重要な観点です。そして，読者の興味・関心も高いテーマであると思います。9章・発達心理学は，高齢者のケアや回想法などが専門の林氏，10章・家族心理学は，家族療法の考え方について専門の野口氏，心理療法の核ともいえる11章・トラウマ・ケアについては太田氏にお願いしました。12章は，医療系実習における心理的視点と多職種連携による学びについて，医療領域での臨床経験が長く，香川大学の医療心理実習の中心を担う長谷氏にお願いしました。最後の13章は，竹森が，医療現場で出合う心の問題について，事例等を通して解説しました。

　本書が，医療系学生をはじめ，臨床心理学を学ぶ初学者の方々の手元に届き，患者やクライエントの心の理解とともに，多職種連携を進めるための一助となることを願ってやみません。

2023年3月

竹森元彦
香川大学医学部臨床心理学科
心理療法実践学講座

目次

第1章 心と身体のつながり（心身相関）

1.1節 心と身体

　医療系のための臨床心理学を学ぶにあたり，そもそも心と身体はどのような関係にあるのか，「心と身体のつながり」について理解しておく必要がある。本章では，心と身体のつながりについて，実例を交え，その機序や医学との関わりなどについて概説する。

A. 心の変化と身体の変化

　生きていると日々さまざまなことがあり，その状況や出来事によって心も身体も刻々と変化する。心臓は拍動をくり返しているが，運動をしたり，緊張した時にはドキドキして鼓動が速くなり，静かに眠っているときは心も落ち着き，鼓動もゆっくりになる。暑いと汗が出るし，寒いと鳥肌が立ったり，身が縮んだりする（筋肉が緊張する）。生きるということは変化することだといえる。まったく変化しなくなったときは死んだときである。

　このような変化に心と身体の側面がある。身体面は目に見える物質的な側面であり，心理面は目に見えない非物質的な側面である。このような身体的変化と心理的変化は互いに独立したものではなく，密接に関係しあっている。例えば人前で話すなどの場面では，身体的には筋肉の緊張，発汗，心拍の亢進，場合によっては顔面紅潮や手足の振戦などが生じ，心理的には不安や心理的緊張，場合によっては恐れや興奮などが生じる。身体的に変化したが心理的にはまったく変わらない，などということはない。身体的に変化したときは，大なり小なり心理的にも変化する。前述の人前で話す場面では，上手く話せたら心理的な緊張がほぐれて安心し，それに伴って身体的な緊張もほぐれ，心拍も緩徐になる。このように「身体の変化を伴わない心の変化はないし，心の変化を伴わない身体の変化もない」のが実際である。

　河合隼雄は，著書『心理療法と身体』の中で，心と身体の動きの関係につ

いて，デイビッドボームの比喩を紹介している（河合，2000）。これによると，魚が動くときに2つの側面に投影された影も動くが，この2つの影が「心」と「身体」であり，いずれも私という実体の動きに伴って動くのだと説明している（**図1.1**）。一方の影が動けばもう一方の影も連動して動くように，我々の実体が変化すれば，心の影と身体の影が同時に動く。心も身体も，我々の実体を投影した側面であるから，切っても切れない関係にあるのは当然である。

　医療・医学は前者の身体的側面を扱うことが多く，心理学はその名の通り，心理的側面に関する学問であり，それを臨床応用したものが臨床心理学である。治療においても，医療では身体面に介入することが多い。例えば薬を投与して身体の状態がよくなり，症状が軽減すると，心理的にも不安が減って楽になる。逆に，身体の状態が悪くなって痛みなどの症状が強くなれば，心理的な不安は強くなり，恐怖心を覚えたりするだろう。これがさらなる症状の増悪を導くこともある。前述のように身体の変化は心の変化を伴うので，身体は楽になったけれども心理的には変化しない，ということはあり得ない。臨床心理学では，心理的支援によって心理面に介入するが，心理的な不安が減って楽になれば，身体面でも心拍が緩やかになり筋緊張が低下するなどの変化が生じる。このように，身体的に介入しても必ず心理的変化が生じるし，心理的に介入しても必ず身体的変化が生じる。言葉を変えれば，身体を扱う

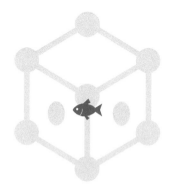

図1.1　デイビッドボームの比喩のイメージ（河合，2000をもとに作成）
魚が動くときに2つの側面に投影された影も動くが，この2つの影が「心」と「身体」であり，いずれも「私」という実体の動きに伴って動くとした。

ということは心を扱うことになり，心を扱うということは身体を扱うことになる。どのような立場であっても，医療に携わる者は，このことをよく意識しておく必要がある。

B. 心身相関

このように心と身体は密接不離な関係にあるが，本章のタイトル「心と身体のつながり」を専門用語では心身相関という。心身相関は，特に医学的な症状や生理的状態などについての心と身体の関係を指すことが多い。その実例を挙げてみよう。

コーネル大学のウォルフらによって行われた「トムの実験」は有名である（Wolf, 1959）（**図1.2**）。1900年代前半，ニューヨークの少年トムは，9才のときに熱い鍋料理を飲み込んだため，食道がただれて経口摂取ができなくなり，胃の手術（胃瘻形成）を受けた。しかし，手術中に容態が悪化して，穴の周囲を完全にふさぐことができないまま手術が終わったため，胃の粘膜が腹部の外側に出た状態になってしまった。そのため，生活をしながら，感情による胃の変化を直接観察できるようになった。中年になったトムは，その手術を行った大学の研究室で働くことになり，ウォルフらは，15年にわたって，さまざまな状態の中で，トムの胃の運動，胃液の分泌，胃粘膜の状態などについて調べた。あるとき，トムが資料の整理中にカルテを置き間違えて，上司が怒ったとき，彼の胃の粘膜はみるみる変色した。5分後に上司がカルテを見つけて部屋を出ていくと胃は元に戻った。トムが憂鬱になった

図1.2 トムの実験（Wolf, 1959）における胃のイメージ
トムの胃と腹部に穴が開き，胃内部の粘膜の状態が身体の外部から観察できる状態になった。

ときは，胃の運動も胃酸の分泌も低下した。またあるとき，何かの間違いで会計係がやってきて，いきなりトムに「最後の給料だ，おまえはもうクビだ」と言いながら，小切手を渡したことがあった。その後この事件が話題になると，トムはかんかんに腹を立てた。すると，胃の粘膜は真っ赤に腫れ，活発に動き，胃液の量も増えた。また，孫たちの非行のことで，妻と意見が合わず，不安でイライラしていたときがあった。そのとき胃の粘膜は赤く興奮し，胃酸の酸性度は最大になり，ついには胃粘膜のただれや出血が生じた。このように，胃の状態は心理的な状態によって刻々と変化し，想像以上に敏感なことが示されている。

　また，ウルシ（漆）の皮膚アレルギーについての池見らの研究も興味深い（池見，1963）。「ウルシの木の下を通っただけでもかぶれる」という現象を検証しようとしたものである。池見らは，ウルシのアレルギーを強くもつ13名に対して，右手にはウルシの葉を「これは栗の葉だ」と暗示しながらすりつけ，左手には無害な栗の葉を「これはウルシの葉だ」と暗示してすりつけた。果たしてどちらにアレルギー性皮膚炎が現れただろう。何と13人中9人までは，栗をウルシだと暗示してすりつけた方（左手）にだけ皮膚炎が現れ，ウルシを栗と暗示してつけた方（右手）には何の変化もみられなかったという。残り4人のうち2人は両腕に（栗の葉をつけた方にも）皮膚炎が現れた。つまり，9割の人は暗示だけでアレルギーによる皮膚炎が現れ，アレルギーをもちながらも約7割の人は，ウルシではないという暗示により，ウルシの葉をつけても皮膚炎が現れなかったのである。今日までの心身医学的研究によって，喘息や皮膚炎などのアレルギーには，抗原抗体反応という生理的側面と，暗示やイメージなどの心理的側面の両方が関与することが明らかになっている。

　これらの例から，心理的側面が身体生理面に及ぼす影響がいかに大きいかがわかる。古来より「病は気から」といわれる所以である。

　一方，身体面の状態が，心理面に及ぼす影響も大きい。女性の月経周期のステージによってホルモンの量が変化するが，それに伴って心理的状態も大きく変化することは，誰しも思い当たるところであろう。男女を問わず，体調が悪くなれば気分も抑うつ的になりやすく，体調が良いときと比べてネガ

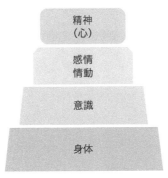

図1.3　身体の基盤のうえに心がある

ティブな感情が生じやすい。また，医学的に「せん妄」と呼ばれる状態は，高齢者医療の現場では頻繁に遭遇する。入院環境の変化などに伴って，混乱，興奮，幻覚，錯乱など一見精神的症状と思われるような症状が生じるが，あくまで身体的な疾患や薬物などに基づく意識混濁によって生じるものである。このように，感情や心理的状態はあくまで意識のうえに成り立つのであり，その意識はまた身体のうえに成り立つ（**図1.3**）。身体的状態が心理的側面に大きく影響するのも当然である。

　以上述べてきたように，「心」と「身体」とは密接に関係しており，医学的な状態には心理的側面が大きく関与するし，逆に身体的な状態が心理面にも大きく関与する。

C. 東洋医学と心身一如

　この「心身相関」には，心と身体が別個に存在し，それらが互いに関係しあうという意味が含まれる。西洋科学での要素に分けて分析する「要素還元主義」的な発想からくる概念である。身体を，消化器系，内分泌系など，さまざまな臓器システムに分ける中の1つに「心」というシステムもあるとみる。心と身体がどのような生理的機序で関係するかを理解するうえでは有用であろう。一方で，東洋の哲学や医学では，心と身体はそもそも分けられない一体のものであり，「心身一如（身心一如）」などと呼ばれる（語源は仏教とされる）（**図1.4**）。例えば東洋医学（漢方医学）では，いわゆる「五臓六

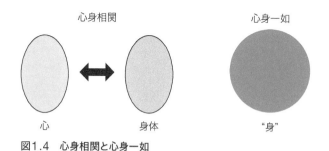

図1.4　心身相関と心身一如

腑」の「五臓」（肝，心，脾，肺，腎）という臓器システムに分けるが，それぞれ，肝－怒り，心－喜び，脾－思慮，肺－悲しみ・憂い，腎－恐怖・驚きという感情と一体のものと捉えられている。前述のデイビッドボームの比喩を思い起こすと，洋の東西を問わず，本質的に心身は表裏一体のものと捉えられていることがわかる。

　「ストレス社会」といわれて久しい今日では，慢性疾患やストレス関連疾患が増加し，心も身体も含め，身体の中のさまざまなシステムが混然一体となって複雑化した病態が増えている。このような心身一如の捉え方は，臓器別の捉え方ではアプローチが難しい病態に対しては，より適切で本質的なアプローチにつながるとして見直されてきている。

1.2節　医療における「心と身体のつながり」

　心と身体は切っても切れない表裏一体のものであることを述べてきたが，このような「心身相関」や「心身一如」が医療においてどのように適用されているのかを概説する。

A. 心身医学と心療内科

　心と身体の関係性を基本コンセプトとした医学を心身医学という。心と身体を表裏一体のものとしながら，前述の心身相関を中核概念とし，その概念を医学や医療に適用したものである。この心身医学をもとに医療を実践する診療科が心療内科である。本書は『医療系のための臨床心理学』であるが，

この「医療」と「臨床心理学」をつなぐ医学の1つが心身医学といえよう。本書は心身医学のテキストではないので，心身医学そのものの詳説は他書に譲る。興味のある読者はテキスト（久保，2009；日本心療内科学会ら編，2022）をはじめとして，さまざまな文献があるので参照されたい。

　少なくとも，医療を目指す，もしくは実践する人は，言葉の定義を正しく理解しておく必要がある（**図1.5**）。「心身相関」とは，前述のとおり，心と身体の相互の関係性のことであり，「心身症」は心身相関の病態，もしくは心身相関の病態を考慮すべき疾患のことである（次項を参照）。「心身医学」は心身相関の概念を医学領域に適用したもので，心身相関の医学ともいえる。「心療内科」とは，心身医学を主に内科領域において実践する診療科であり，心身症を主な対象としている。

　歴史上，医学・医療における一大課題は感染症との闘いであり，ペスト，スペイン風邪（インフルエンザ），重症急性呼吸器症候群（SARS），中東呼吸器症候群（MARS），新型コロナ感染症など，大きな脅威が周期的に訪れて人類の営みを大きく揺るがす契機となっており，今日でも継続している。感染症は公衆衛生など社会的側面も大きい。このいわば医学・医療の主流「感染性疾患」に対して，近年のもう1つの流れは「非感染性疾患」である。国際的には"non communicable disease（以下NCD）"と呼ばれるこの疾患群は，心疾患，慢性呼吸器疾患，糖尿病などの日本でいう生活習慣病をはじめとして，ストレス関連疾患なども含む。感染性疾患では病原微生物という原因が明確なのに対して，NCDは生活習慣やストレスなど心理行動的側面を含め，遺伝，生理，環境などの複合的要因による（Mendenhall，

- 心身相関 ＝「こころ」と「からだ」の関係性
  ＜心療内科・心身医学の中核概念＞

- 心身症 ＝「心身相関」の病態
  　　　　「心身相関」の病態をもつ疾患

- 心身医学 ＝「心身相関」の医学

- 心療内科 ＝「心身医学」を内科領域に適用した診療科

図1.5　心身相関, 心身症, 心身医学, 心療内科とは

et al., 2017)。また，感染性疾患が比較的急性の経過をたどるのに対して非感染性疾患は慢性の経過をたどり，治療も生活習慣の改善やストレス対処など，一朝一夕にいかない。これは現代の高度の文明・情報化社会の発展，高齢化，複雑なストレス社会の進化などに伴って表面化してきたものであり，いわば「現代病」である。

このような世界的な感染性疾患から非感染性疾患への潮流がベースになり，その中でも特に先進国などでは心理社会的因子の関与が大きい疾患の比重が増え，心と身体の両面をみる視点が重要になってきた。このような中で，身体的・心理的両方の側面をバランスよく診て，両者の関係性をみながらアプローチしようとするのが心身医学であり心療内科である。

B. ストレス関連疾患と心身症

心身相関の病態をもつ疾患は心身症と呼ばれる。「心と身体のつながり」に関連する病態や疾患と考えてよい。日本心身医学会では，心身症を「身体疾患の中で，その発症や経過に，心理社会的因子が密接に関与し，器質的ないし機能的障害が認められる病態」と定義している（日本心身医学会教育研修委員会，1991）。わかりやすくいえば，「身体の病気」の中で，いわゆるストレスなどの心理社会的因子が大きく関与するものをいう。これらの疾患の主訴は，頭が痛い，お腹が痛いなどの身体症状である。

ここで器質的障害というのは，炎症，腫瘍，損傷など生物学的・形態的な目に見える異常である。機能的障害は，生物学的もしくは形態的には異常がない，つまり，目に見える異常はないが，その機能（働き）が障害されているものをいう。例えば，胃潰瘍や胃癌は器質的疾患であり，機能性ディスペプシアは胃の機能的疾患である。前述のトムのケースのように，胃の機能的状態は心理的状況によって刻々と変化するため，心理社会的因子の関与がわかりやすい。そのため，心理社会的因子が関与するのは機能的障害と考えてしまいがちだが，器質的障害にも心理社会的因子が関与する。例えば，胃の運動機能異常が長く続けば，胃潰瘍になる場合もある。いずれの障害でも，心理社会的因子の関与が大きいものを心身症という。

一方で，抑うつ，不安などの精神症状を主訴とし，精神的な病態をもつ疾

患は精神疾患という。その名の通り精神の疾患であり，うつ病，不安障害，統合失調症などがその代表である。心身症は，一般身体科やプライマリ・ケアなどの現場で通常みられる身体疾患の中で，心理社会的因子が密接に関与するものをいうのに対して，精神疾患は精神病理をもち，主として精神科で扱われる。

　身近な風邪でも免疫システムなどを介して心身相関の病態をもち，厳密には心身相関の機序をもたない疾患は存在しない。そういう意味ではすべての病気は多かれ少なかれ心身症としての側面をもつ。したがって，心身医学は特殊な病気を扱うものではなく，医療で一般的に扱われている疾患，広く一般的な病気に対応する医学である。

　ストレスが関連しやすい疾患として，欧米などを中心とした世界各国では，機能性疾患（機能性身体症候群：functional somatic syndrome）と呼ばれる疾患群がある（Wessely et al., 1999）。前述のように，機能性疾患だから心身相関の機序をもつとは限らないが，臨床的には心理社会的因子が関与しやすく，ストレスなどによる機能的変化が表在化しやすい。

　病院に行けば循環器内科，消化器内科，呼吸器内科などの内科領域に加え，耳鼻科，眼科，産婦人科，外科などさまざまな診療科があり，それぞれに対象とする疾患がある。報告によって異なるが，そのいずれの領域においても，おおよそ3割程度のケースは心身症や機能性疾患としての扱いを考慮すべきと考えられている。例えば消化器内科領域では過敏性腸症候群などの機能性消化管障害，循環器内科領域では心不全（虚血性心疾患などによる），呼吸器内科領域では気管支喘息，耳鼻科領域ではメニエール病などにその傾向が強いというように，すべての領域にまたがっているので，それらを合計すると1つのメジャー領域を超える存在となり，その対象は広い。対応方法が求められている所以である（Wessely et al., 1999）。

　この分野でもう1つ重要な疾患群として，前述の生活習慣病がある。日本人の三大疾病等を含む生活習慣病は，その名の通り生活習慣（ライフスタイル）が大きく関与している。ライフスタイルというのは習慣的な行動様式であるが，行動の背景に心理的側面が深く関与する。生活習慣病では，食事，運動，喫煙など，ライフスタイルの改善が求められるが，「わかってはいる

けどやめられない」などといわれるように「言うは易く，行うは難し」であり，ストレスなどの心理的側面と切り離せない。また，単なる一時的なストレスの関与のみならず，交流分析でいうところの脚本のような，その人の中核的な心理特性がライフスタイルに表れやすい。また，例えば糖尿病では自己血糖測定などを通して病態と上手く付き合えるかどうかが予後を大きく左右する。心不全などで重要な心臓リハビリテーションの効果には，内受容感覚（自身の身体の内的状態を把握する感覚）が予後予測因子となるという最近の報告もある（Miyazaki et al., 2022）。このように，生活習慣病では心理・行動的側面の影響が大きく，病態の認識や疾患との向き合い方が重要である。つきつめれば「自分とどう向き合うか」が鍵を握る。

　以上のように，今日の複雑な社会を背景とした医療では，ストレス関連疾患，心身症，機能性疾患，生活習慣病など，心と身体の関係を考慮すべき疾患の重要性がますます増しており，その機序の解明や対応方法の検討が大きな課題となっている。どんな疾患でもいえることだが，これらの疾患に対応する際には特に，本書で述べられる臨床心理学的知識や視点が重要になるのである。

1.3節　心身相関と情動の生理学

　「心」と「身体」は，医学・生理的にどのような機序でつながっているのだろうか。医療系で臨床心理学を学ぶうえでは，心身相関の生理的機序について理解しておく必要がある。また，「感情」や「情動」はその両者をつなぐ機序の1つである。本節では心身相関の医学・生理的機序と，感情，情動について概説する。

A. 「心と身体のつながり」の生理的基礎

　心と身体のつながり（心身相関）の機序を理解するうえで，その生理基盤として脳神経系の階層的な構造を大まかに理解しておく必要がある。脳神経系の解剖や生理の詳細については本書の範疇を超えるので，本稿では「心と身体のつながり」の理解に必要な部分に留める。興味のある読者は適宜文献

を参照されたい。

　中枢神経系は，機能面から大きく①新皮質系，②大脳辺縁系，③脳幹－脊髄系の3つに分けられ，前者ほど発生学的に新しい（**図1.6**）。①新皮質系は，大脳の最も外側を覆うように位置し，人間的な機能，すなわち，適応，創造，判断など意識に上る高次の精神機能を主に担う。人間が高度な精神機能をもつのは，この部位が特に発達しているからである。③脳幹－脊髄系は，その名の通り脳の幹にあたる部分とそれにつながる脊髄であり，身体と直結している。植物的な機能，すなわち，精神活動を伴わない反射や，呼吸・循環など生命維持に必須の機能を担い，意識には上らない。いわば生命維持装置である。発生学的にこの脳幹－脊髄系は最も古く，「身体」に直結している。脳のこの部分だけが生きていてその他の部分が死んでいれば，いわゆる植物状態ということになる。

　②の大脳辺縁系は，新皮質系と脳幹－脊髄系の間に挟まれた位置にあり，機能的にも両者をつなぐ。言い換えれば「心と身体」をつなぐ役割を担う。解剖学的には扁桃体，海馬体，海馬傍回，帯状回，中隔核，視床下部などが含まれる。大脳辺縁系は，新皮質ではなく旧・古皮質であり，発生学的に新皮質系より古い。新皮質系が人間的な機能，脳幹－脊髄系が植物的機能を担うのに対して，辺縁系は動物的な機能：本能行動，情動，恒常性維持のため

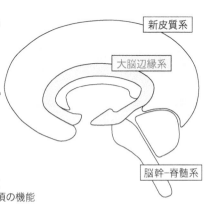

①新皮質系
人間的な機能：適応，創造，判断などの
意識に上る精神機能を担う

②大脳辺縁系
動物的な機能：本能行動，情動行動，
恒常性維持の為の調整などの機能を担う。
自律神経系や内分泌系の
統合中枢としての機能や，
情動や内受容感覚にも関与し，
心と身体をつなぐ働きに関与する

③脳幹－脊髄系
植物的な機能：反射や，呼吸・循環など
意識に上らない，生命を維持するのに必須の機能

図1.6　中枢神経の3つの統合系（階層的モデル）（時実，1976；Psychosomatic Labo, 2021をもとに作成）

の機能をもつ。「動物脳」といわれる所以である。意識レベルでは，はっきりとは意識されないがまったく意識に上らないわけでもない中間レベルである。大脳辺縁系は，Cで述べる情動処理に関与すると同時に，視床下部から下垂体などを介して自律神経系や内分泌系を統括し，ホメオスタシス（恒常性）を担う。

B. 心身相関の機序とストレス反応

　心身相関に関連する生理的機序（ルート）は，大きく①神経系，②内分泌系，③免疫系，④その他のシステム，に分けられる。

　①神経系は脳神経系とも呼ばれ，その階層的構造については前述の通りである。神経細胞と呼ばれる情報伝達に特化した細胞からなるシステムであり，心身相関においては大脳辺縁系や自律神経系などが重要である。自律神経系は，瞳孔の拡大縮小，気道の収縮拡張，心臓の拍出量や血圧の調整，消化管機能の促進や抑制など，全身の臓器に分布して身体内部の状態を「自律的・自動的に」適切に保つ重要な働きを担っている。我々が意識しなくても運動すれば心拍が増加したりするのはこの自律神経系の働きによる。精神的緊張が自律神経の中の交感神経を賦活して心拍が速くなる，といったわかりやすい心身相関に関与する。

　②の内分泌系は，生体内の情報伝達系のうち，化学物質＝ホルモンを介して行われるシステムである。ホルモンは，生成する細胞の近くを流れる血液中に放出されるため，遠くにある器官にも作用を及ぼすことができる。この内分泌系の作用は神経系に比べて遅いが，持続性がある。心身相関においてはストレス反応に関与する視床下部－下垂体－副腎系（後述）などが重要である。

　③の免疫系は，生体内で病原体やがん細胞などの異常な細胞や異物を認識して排除する生体防御システムである。心身相関については，急性ストレスではナチュラルキラー細胞活性の増加，唾液中IgA（免疫グロブリンA，抗体の1つ）の増加など免疫系の一過性の賦活がみられるが，慢性ストレスでは，ナチュラルキラー細胞活性の低下，唾液中IgAの低下など免疫系の抑制がみられる。④その他については，神経ペプチドやサイトカインネットワ

ークを介する心身相関や，ストレスによる腸内細菌叢の変化など，さまざまな心身相関の機序が日進月歩で解明されている。

　1.1節Bで述べたトムのケースで，心身相関の具体的なルートを考えてみよう。例えばストレスフルな状況に心理的に反応するのは前述の新皮質系の機能による。それに伴う憂鬱な気分は大脳辺縁系が関与する。このネガティブな情動は，大脳辺縁系の扁桃や視床下部などを介して，下垂体が統括する自律神経系や内分泌系の機能に影響し，例えば，副交感神経（迷走神経）の機能低下が胃運動や胃酸分泌機能を低下させる。内分泌系ではアドレナリンなどのホルモンが交感神経系の賦活を起こし，胃運動機能の低下につながる。逆にこのような胃運動機能低下によって胃の不快感などが生じれば，それを自律神経の求心性機能が捉えて，ネガティブな情動や感情を生じる。これらは双方向性の相互作用であり，実際には，心身相関は複数のシステムが同時に関与する複雑な機序を形成する。

　このような即時的な反応に比べて，もう少し慢性的なストレス反応の基本的なシステムとしては，視床下部－下垂体－副腎系（hypothalamic-pituitary-adrenal（HPA）axis）が重要である。ストレス負荷により視床下部から副腎皮質刺激ホルモン放出ホルモン（CRH）が分泌され，下垂体前葉から副腎皮質刺激ホルモン（ACTH）の分泌が促進される。ACTHは副腎皮質を刺激し，コルチゾールの分泌を促進する。コルチゾールはストレスホルモンとも呼ばれ，ストレス反応において重要なホルモンである。コルチゾールはグルココルチコイドの一種で，肝臓での糖代謝（血糖上昇作用），筋肉でのたんぱく質代謝，脂肪組織での脂質代謝，抗炎症・免疫抑制などの作用をもつ。医薬品としてのステロイド系抗炎症薬はこれを人工的に生成したものである。海馬，視床下部，下垂体にはコルチゾールの受容体が存在し，コルチゾールの分泌量はネガティブフィードバックにより調整され，神経細胞への過度な曝露を抑制する。しかし慢性的なストレスなどにより，コルチゾールの分泌が長引いて過剰になると，消化性潰瘍や免疫機能の低下などの影響が出る。HPA系の機能調節異常は，海馬の萎縮を引き起こし，うつ病や心的外傷後ストレス障害（PTSD）と関連することも示唆されている。

　このようなストレス反応は，本来は身を守り，敵と戦ったり闘争したりす

るために個体に備わっているものである。しかし現代の生活ではストレスの質・量ともに，原初の想定を超えたものになっている。例えば，自然環境から大きく解離した環境（夜の照明，騒音，刺激の多さなど），昼夜を問わずオンとオフの境目のないストレス，IT・スマートフォン・SNSなどの普及，デスクワークや座り姿勢の増加，歩行や運動量の低下，複雑な人間関係（特に日本は裏表の社会）などである。これらの状況によって，慢性的なストレス反応が持続し，自律神経や内分泌系の概日リズムが崩れ，さらに自律神経機能の低下につながるなどの悪循環が生じる。これらにより，交感神経の過緊張による筋緊張，末梢循環の低下や循環器血管系へのダメージや虚血，コルチゾールの過剰分泌などによる免疫機能の低下，迷走神経の調節障害による消化管運動機能の異常などを介して，さまざまな機能性疾患，生活習慣病，ストレス関連疾患の増加につながっている。ストレス反応が，逆に健康を脅かす要因になってしまうのである。

C. 感情・情動・身体

　最後に，心と身体のつながりを理解するうえで，「感情」「情動」という機序について理解しておく必要がある。いずれも人間の心理的な機能の基盤になるものであると同時に，生理的機能と直結しており，心と身体をつなぐ位置にある心身の働きである。医療においては，患者がどのように行動するかを理解したり，生活習慣病などで食事，運動，服薬などの行動変容を促したりするうえで，それらの「行動」のもとになる「感情」を理解する必要がある。その感情のもとになるのが「情動」である[1]。これらは，後述するストレス対処においても重要な機能である。

　感情は，いわゆる喜怒哀楽（喜び，怒り，哀しみ，楽しみ）などの主観的な体験であり，高次精神機能の一部でもある。心と身体という軸では，より「心」に近い位置にある。一方「情動」は，より原始的な感情に相当するも

---

[1]　「感情」「情動」という用語の使い方については，研究者や文献によって異なる場合がある。本稿では感情＝feeling，情動＝emotionとして，主としてダマシオらの見解に準じている。この用い方が医学的に理解しやすいからである。他の用い方をしている文献を読む場合は，文脈に即して解釈して頂きたい。

ので，反射的，衝動的，原始的な心身の働きである。明確に言語化できない「快」「不快」などに近いものであり，必ずしも意識化されない（恐怖，怒り，幸福感なども情動とする立場もある）。情動はより生理的機能に直結したものであり，心と身体という軸では身体に近い位置にある。ダマシオは，情動を「外的刺激や内的想起などによって個体に生じる生理的な反応」としている（Damasio, 1999）。感情や情動は，行動や思考の動因となり，原始的にはその個体が生き延びるために必要な行動に導く。

　情動の生理的基盤となるのは，前述の大脳辺縁系である。特に辺縁系の核である扁桃体と辺縁皮質である帯状回は情動処理プロセスに深く関与するとされる。前節で述べたように，心身医療においては，ストレス（心理社会的因子）と疾患の関係が重要であるが，ストレスの情動処理の如何によって，ストレスがあっても健康を維持できるか，疾患などの病的状態に陥るかが分かれる。複雑な現代社会に生きる人類は，日々さまざまなストレスのもとで生きている。この場合，ストレスは感情や情動の歪みと置き換えてもよい。この歪み（ストレス）をさまざまな方法で解消し，前向きに生きていく糧とできれば，セリエのいう「ストレスは人生のスパイス」となる。

　この場合，感情や情動の歪みに適切に気づくことが，その対処の出発点になる。気づかなければ，次の対処行動につながらず，身体への影響につながる。また，ストレスに対する情動処理が適切であれば心身の健康が保たれるが，情動処理過程における機能異常があり，大脳辺縁系と新皮質系のバランスや相互作用，機能的連携などの障害があると，その歪みが，自律神経系，内分泌系，免疫系などの機能異常を介して種々の身体症状に関与する。心身症における心身相関の機序の1つである。

　精神科医シフネオスは，精神療法（心理療法）を行っていた患者の中に，自己の感情に対する気づきや表現に乏しい人たちがあり，それらの人達には一般的な言語を介する心理療法の適用が困難なことを記述してアレキシサイミア（alexithymia：失感情症）と呼んだ（Sifneos, 1973）。アレキシサイミアには，（1）自身の感情や身体の感覚に気づいたり，区別したりすることが困難，（2）感情を言語で表現することが困難，（3）空想力や想像力に乏しい，（4）外的な事実に眼が向き，自己の内面に眼が向きにくい，

という特徴がある（Nemiah et al., 1976）。わかりやすくいえば，自分自身がどんな感情をもっているかに気づきにくい，もしくは，気づいていてもその表現がしにくい傾向である。また，周囲の外的なことばかりに眼が向く一方で，自分自身の内面，特に自身の感情にはなかなか眼が向かない。このような傾向は心身症における心理的特徴の1つとされる。さまざまな脳生理学的研究から，アレキシサイミアでは，前述の情動処理過程における機能異常がみられることがわかっている。

　わが国の心身医学の創始者である池見は，「アレキシサイミアのケースでは身体の気づきも低下していることが多い」として，これをアレキシソミア（alexisomia：失体感症）と呼んだ（Ikemi et al., 1983）。アレキシソミアでは身体の状態や体調の把握に乏しいために受療行動など行動面での逸脱がみられ，症状のコントロールが困難になることもある。例えば，糖尿病では体調の悪い日は"sick day"として，休養するなど注意して過ごす必要があるが，その把握ができずに体調管理が難しく，重症化してしまう。また，気管支喘息で気道狭窄がありながら，それに対する感覚や認識に乏しいためにコントロールが困難になったり，受療や対処行動が遅れて生命の危機に瀕するケースもある。

　アレキシサイミアやアレキシソミアの背景には，Aで述べた脳神経系の階層的モデルにおけるレベル間，特に新皮質系と大脳辺縁系間の機能的解離があるとされる。階層間のつながりがよいと適切に情動処理（ストレス処理）が行われるが，つながりがよくないと，アレキシサイミアやアレキシソミアの状態を介して，心身症などさまざまなストレス関連疾患の発症や経過に関与する。

おわりに

　以上述べてきたように，「心と身体のつながり」＝「心身相関」には，さまざまなルートがあり，必ずしも単純に1対1に対応するものでもないため，複雑な心身相関のシステムを形作る。心と身体の関係性は極めて深く，冒頭で述べたようにそもそも心と身体は一体のものである。今日のような複雑な「ストレス社会」における医療や医学を学ぶ人にとって，身体・生理的な側

面を学ぶのと同時に，心理的な側面，特に臨床心理学を学ぶことは，臨床医学を実践するうえで大変意義のあることであろう。

引用文献

Damasio, A. R., The Feeling of What Happens: Body and Emotion in the Making of Consciousness, Harcourt, 1999．

Ikemi, Y., & Ikemi, A., Psychosomatic Medicine: A meeting ground of eastern and western medicine. *Journal of the American Society of Psychosomatic Dentistry and Medicine*, 30（1），3，1983．

河合隼雄（編），心理療法における身体性，講座　心理療法〈4〉心理療法と身体, pp.1-17, 岩波書店, 2000．

Mendenhall, E., Kohrt, B. A., Norris, S. A., et al., Non-communicable disease syndemics: poverty, depression, and diabetes among low-income populations, *The Lancet*, 389（10072），951-963，2017．

Miyazaki, S., Kanbara, K., Kunikata, J. et al., Heartbeat tracking task performance, an indicator of interoceptive accuracy, is associated with improvement of exercise tolerance in patients undergoing home-based cardiac rehabilitation, *European Heart Journal - Digital Health*, 3（2），1-11，2022．

Nemiah, J., & Freyberger, H., Alexithymia: a view of the psychosomatic process. In O. Hill（Ed.），Modem trends in psychosomatic medicine, 3, pp.430-439, 1976．

日本心身医学会教育研修委員会，心身医学の新しい診療指針，心身医学, 31, 537-573, 1991．

Psychosomatic Labo, 脳の機能的レベルと心身医学, 2021． https://psychosom.net/column/brain-level/

Sifneos, P. E., The prevalence of "alexithymic" characteristics in psychosomatic patients, *Psychotherapy and Psychosomatics*, 22（2），255-262，1973．

Wessely, S., Nimnuan, C., & Sharpe, M., Functional somatic syndromes: one or many? *The Lancet*, 354（9182），936-939，1999．

Wolf, S., The final studies of Tom. *Transactions of the American Clinical and Climatological Association*, 71, 159-165, 1959．

参考文献
池見酉次郎, 心療内科, 中央公論社, 1963．
久保千春, 心身医学標準テキスト　第3版, 医学書院, 2009．
日本心療内科学会・中井吉英・久保千春編, 心療内科学, 朝倉書店, 2022．

第2章 カウンセリングとは何か

本章では，カウンセリングとは何かについて，その定義や基本的な考え方，基本技法などについて説明する。

2.1節 カウンセリングの定義

カウンセリングとは「悩みや問題を解決するために来談した人（クライエント）に対して，心理臨床の訓練を受けた専門家であるカウンセラー（心理臨床家）が，来談者を尊重・配慮しながら，主に言語による心理的交流を通して，問題を解決したり人間的に成長したりするのを援助すること」（大澤，1999）と定義される。また，カウンセリングと同義語として使われることが多い言葉として心理療法がある。それは，心の問題は，治療してできるだけ元通りに治す，というよりも，ケアする，心の成熟をはかるという要素が強いためである。スクールカウンセリングなどがその例である。

カウンセリングと心理療法を，以下のような違いにより区別する立場もある。

①前者は比較的問題が軽い人や健康な人を対象とするが，後者は重い人や病気の人を対象とする。

②前者は，後者と比べて，より表面的，言語的，認知的，合理的である。

③前者は主に非医療の領域で行われるが，後者は主に医療の領域で行われる。

④学問的背景は，前者がカウンセリング心理学，後者が臨床心理学である。なお，psychotherapyを心理では心理療法，医療では精神療法と訳すことが多い[1]。

1　本書においては，カウンセリングと心理療法を同義とした。

現代社会においてカウンセリングはなぜ必要か？

　現代社会において，カウンセリングが必要とされている。その理由や背景について現代社会の人生モデルから考えてみる。

A. 現代の思春期の危機

　不登校は減らないばかりか，少子化の現在，割合としては増加している。不登校が増えてきた背景として，①日本において思春期が急激に長くなった，②思春期に到達した段階での子どもたちの精神的体力の脆弱さ，③モデル（目標）である「大人たちの実像」が現代の子どもたちには見えにくくなってきていることが挙げられる。現代の子どもたちはからだと心の成長の順序が逆転して，からだが12歳前後で大人になり，心は20歳を過ぎても大人になり切れないことも，現代の思春期をのりこえがたい理由の1つである。具体的に，戦後（昭和30年頃）と現代の思春期を比べてみるとわかりやすい。ひと昔は「短くゆるやかな思春期の坂道」を登っていたために，頂上（目標）が見えやすかった。しかし，現代は「長く険しい思春期の坂道」を登っているので，頂上（目標）はふもとから遠くて見えない。何のために登っているのか，どこまで登ればよいのか，茫然とただただ歩みを続けている。

　このような現代の人生モデルを生きることは大変しんどく，思春期の社会不適応につながっていると考えられる（原田，1994）。

B. 中年期の危機

　長く険しい坂道を登るのは大人も同じである。思春期・青年期の「自分が何者なのか」（アイデンティティ）と葛藤する時代を経て大人になったからといって，精神的に安定するわけではない。人生後半に差し掛かった時に身体の老化や気力・体力がないことを自覚して不安を覚える。中年期危機（ミッドライフ・クライシス）とは，大人になっても，ライフステージごとに特有の問題が発生し，職業・家庭・精神生活の各局面でさまざまな難問がふりかかることによって体験される。具体的には，仕事上の悩み・転職・退職の危機・夫婦の関係・子どもの教育問題などが心を脅かすのである。これら

は「第二の思春期」＝「思秋期」とも呼ばれて，人生後半に向けて生き方の見直しが迫られる。

C. 現代社会におけるカウンセリングの必要性

　発達の危機は，思春期や中年期だけではない。日本は，人生100年時代といわれる超高齢社会を迎えたが，長寿であることは私たちに幸せだけをもたらせたわけではない。100年人生時代を生きる現代人の「社会不適応の概念図」を**図2.1**に示す。

　図のように，人生の各期に心理的危機や人生の選択が迫られる。人生の前半も大変であるが，人生の後半においても病や親しい人の喪失，老化や死の影に恐怖する。長い人生において挫折や不適応は誰にでも起こりうる。「不適応」は「立ち止まりなさい」との心と体からのサインとして捉えることができる。現代の人生モデルにおいて，"立ち止まること""自分の本当の気持ちと向き合うこと"が大切なのである。自分と対話をするカウンセリングは，過酷な現代を生きる知恵といえる。

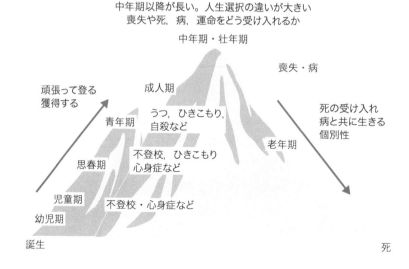

図2.1　生涯発達における不適応の概念図

A. なぜ, クライエントと呼ぶのか

カウンセリングでは, 来談された方のことを, クライエント（来談者）という点に特徴がある。クライエントは, 自分自身の悩みや問題をもって, あるいは本人の問題によって周囲の人が困るために来談する。クライエントとは依頼人・顧客という意味である。カウンセラーはその問題を取り除くのではなく, 話し合いを通してクライエントと一緒に問題解決の方法を探し, クライエントが自らの力で問題を解決していくことを目指す点に, カウンセリングの特徴がある。

すなわち, "治療者－治療される人（患者）"という捉え方をせず, カウンセラーとの対等な人間関係を重視する。本人自身が, よくなりたい, 相談したいという気持ちが大切である。医療や治療が, 治療者中心のパラダイム（上下の関係）であるならば, カウンセリングは, クライエント中心のパラダイム（横の関係）である（**図2.2**）。

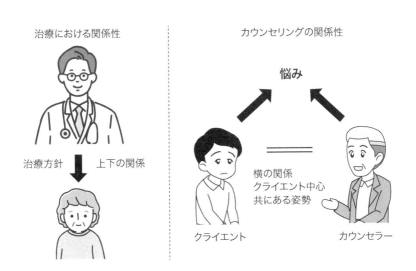

治療における関係性　　　　　カウンセリングの関係性

悩み

治療方針　上下の関係　　　横の関係
クライエント中心
共にある姿勢

クライエント　　　カウンセラー

図2.2　治療とカウンセリングの関係性の違い

　カウンセリングは，その問題や症状が，不適応（適応の失敗）という心理的メカニズムに基づいている場合に行われる。具体的には，心理的な不適応が中心にある行動障害，身体の障害がある場合か，その障害の背景にある素質的，身体的な要因が密接に関連していると考えられる場合である。

　カウンセリングにおける「適応」と「不適応」について説明する。

　「適応」とは，①心が調和し，安定している，②理想化した自分と，実際に体験されている自分との区別がつき，③両者がズレることなく一致している状態にある。いいかえれば，自己が分裂・矛盾したり，そのズレが抑圧されることなく，上手く自己に統合されている状態である。その場合，社会生活で自分の本来もっている可能性を自由かつ十分に発揮することができる。したがって，適応のよい人は，人間関係において基本的な信頼感をもっていて，他人や自己を現実的にあるがままに見つめることができるような自我の強さをもっている。

　ところが，「不適応」の場合，現実の体験と，理想化された自己の間にズレがある。そのために，緊張・葛藤・不満・不安をもちやすく，心理的には抑圧や分裂などが生じている（図2.3）。

　例えば，不登校であるわが子をみて，「何としても登校させたい」と思っている母親は「不適応」の状態にある。しかし，その母親が子どもの気持ち

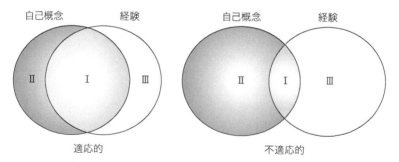

図2.3　自己概念と経験の関係
Ⅰは，自己概念と経験が一致している領域である。この領域が広いほど，適応的である。
Ⅱは，自己概念の中に経験が取り入れられてはいるものの，何らかの形で歪められている領域である。
Ⅲは，自己概念の中に取り入れにくい「経験」が否認されてしまっている領域である。

がわかり，"不登校を受け入れて見守ろう"と心底思えたなら，母親は「適応的」である。つまり，同じ不登校の状態であっても，母親の受け止め方によって適応的にも不適応的にもなりうる。

2.4節 「働きかけの知」と「受け身の知」―2つの知のパラダイム―

A.「働きかけの知」と「受け身の知」について

心へのアプローチを考えるうえで，2つのパラダイムについて分けて考える必要がある。1つは，「働きかけの知」，もう1つは「受け身の知」（山本，1995）である。

「働きかけの知」は，診断，分析，教育，指導を行って，問題を取り除くという積極的な方法をとる。医師は，問題（症状）があれば，医師が中心となって問題を明確に分析し，それを除去する。また，原因と結果の法則性を見つけようと努力する。そこでは科学性や客観性が重んじられる。

学校現場での生徒指導も，「働きかけの知」のアプローチが中心である。問題がある生徒に対しては，問題を把握したうえで指導を行う。生徒指導の教員が不登校や非行の生徒等に対して家庭訪問をし，問題を伝えてそれに対して適切な方法をとろうとする。

それに対して「受け身の知」は，カウンセリングのアプローチである。言葉通り，受け身的・受動的な姿勢をとる。「受け身」は消極的なわけではなく，当事者自身が自己決定できる力をもつことを信頼する考え方に基づく。したがって，カウンセリングは，受容，共感，傾聴などが重視され「クライエント中心」の姿勢を示すものである。また，「見守る」姿勢，クライエントの育ちや成熟，自己成長を「待つ」といった対応を重視する。

B. 心の問題には「働きかけの知」が通用しない

「働きかけの知」では対応できないことがある。例えば，不登校の問題である。不登校が社会的な問題になりかけた頃，教育の現場では，「働きかけの知」をもって，不登校の生徒に対して働きかけた。まずは，直接に，情熱をもって働きかけることによって，生徒と通じることができるのではないか

と考えた。ところが，不登校の生徒には効果をあげなかった。それどころか，家庭訪問をしても生徒に会えない，生徒が部屋にひきこもるといった逆の結果となってしまった。その教師は，自信を失って岐路につくことが多くみられた。なぜ，このようなことが生じてきたのかは，不登校生徒の心理をふまえる必要があった。

不登校は，むしろ，人間関係に疲れてしまったときに生じている。生徒はぶつかっていく自分自身がない状況であった（エネルギーをため込む必要があった）。生徒は，教師の情熱に不安を感じて隠れてしまった。

C. 2つのパラダイムがバランスよく機能すること

このような「受け身の知」の考え方の重要性が認識されはじめたのは，教育領域だけではない。医療領域においても，例えば癌の治療において最先端技術が開発される一方で，治療後も，癌と共に生きるといった心理的援助が必要となる。再生医療などが発達するなかで，そのような治療をどう受け入れるのかといった心理的な問題はますます問われる。患者やクライエントにとって「働きかけの知」と「受け身の知」は，どちらも重要である。その人の身体や心理状態に合わせて，「働きかけの知」と「受け身の知」のどちらに重心を置くかを決めるバランス感覚が必要である。

2.5節 カウンセリングはなぜ効果があるのか－心理的に安全で守られた場で，自分自身と向き合うことの大切さ

A. カウンセリングの中で生じていること

カウンセリングはなぜ効果があるのか。それは，クライエントとカウンセラーの中で，次のような相互性が生じてくるからである。

クライエントは，カウンセラーに対して，悩みや苦悩などの気持ちを語る。クライエントは，くり返し同じ話をしたり，矛盾する話をする場合も多い。そのような混乱・矛盾した気持ちをカウンセラーに伝えても，カウンセラーは受け入れて傾聴する。カウンセラーは，自分の心を使って，クライエントの気持ちを理解しようとする。そして，クライエントの気持ちに寄り添った

図2.4　カウンセラーとクライエントの相互性の概念図

応答をする。カウンセラーの共感姿勢によって，クライエントは，カウンセラーに対して信頼関係をもち，この人ならもっと話をしてもよいと思い，さらに詳しい話をする。安心して語る中で気持ちの整理が進むこととなる。同時に，二者の間には心的イメージが共有されて，カウンセラーはクライエントのことをよく理解できるようになる。クライエントは，次第に自分の気持ちに気づき，自分自身との対話（自己内対話）ができるようになる。

　クライエント－カウンセラーの間に生じる力動的理解の概念を**図2.4**に示した。

i）カウンセラーの応答の基本

　「あなたは〇〇と感じているのですね」と，主語を「あなた」で返す。これを鏡のように「反射する」とか「くり返しの技法」といって，「あなた」を大切にするのである。一般的なコミュニケーションでは，『「私」はこう思う』と主語を「私」で対応するのとは視点を変えるのである。主語を「あなた」で返すことにより，クライエントは自分の人生の語りを安全に語ることができる。その結果，クライエントの内的な物語やイメージを共有することができる。

ⅱ）カウンセラーの姿勢

　カウンセラーは，クライエントの混乱・矛盾した語りに心の耳を傾けて，それをそのまま理解しようとする。したがって，クライエントは，混乱・矛盾したことをそのまま安心して話すことができる。クライエントは，受け止めてくれる，正確に理解してくれるカウンセラーに対して，これまで話すことができなかった苦悩を話したくなり，これまでの経緯について正直に話しはじめる。カウンセラーが吐き出された感情を丁寧に受け止め，丁寧に返信してくれるその言葉の中に，クライエントは自分の気持ちを感じとり，気づきや自己理解が進む。

ⅲ）「絶望的な気持ち」を受け止められることによって生まれる「希望」

　クライエントは絶望的な話をしながら，その話を受け止めてもらえたゆえに，そこに光が生まれてくるような体験をする。

　人と人が，絶望を語る中で，希望が生まれてくるような関係性こそが，原始の世界から，人がもつコミュニケーションの本来的な力であろう。人と人がもつ本来的な力を利用したのがカウンセリングである。

ⅳ）カウンセラーは自分の「心を使う」

　医師が，患者の身体を対象として客観的評価を下すことを目指すのに対して，カウンセラーは，「心」を使ってクライエントの気持ちを感じとる。そして，その感じとった気持ちを「鏡」のようにクライエントに返す。クライエントは，カウンセラーの眼差しや言葉から，これまで知らなかった自分の気持ちに気づくことがある。

B. カウンセリングの基本原理

　カウンセリングの基本原理として，一般的に重要なことを挙げる。

ⅰ）クライエントの自己成長力・自己治癒力への信頼

　目の前のクライエントがいかに深刻に悩み，打ちひしがれ，絶望の気持ちをもって大変そうな症状に苦しめられていても，クライエントはその状態か

ら脱却して，より自分らしく生きていくことができる力をもっている，ということをカウンセラーは信頼できなければならない。

ⅱ）傾聴しつつ，積極的な関心をもつ

カウンセラーは，ただ傾聴するだけではない。クライエントの話がよくわかると思われる時には，自分がどのように理解したのかを伝え，よくわからない時には，もう一度話してくれるように求めるといった形で，積極的に応答することが大切である。

例えば「最近大変です…」と言われた時に，「大変ですね」と答えたのでは，何が大変なのかわからない。「具体的にどんな感じですか？」と聞く必要がある。クライエントはわかってほしいから来談しているのであって，何が理解できて，何についてもっと知りたいのかを積極的な関心の姿勢で示すことが大切である。クライエントにとってはきちんと聴いてもらえていることを知ることとなり，カウンセラーへの安心感や信頼感を増すことにつながる。

ⅲ）受容と対決

カウンセリングでは受容が大切である。このような態度によって，クライエントは安全な感じをもち，安心して心を開くことができる。しかし，クライエントに矛盾や現実検討の弱さがある場合，その点を直視させる対決が必要な時もある。この場合，十分な信頼関係がないと，クライエントは心を閉ざしてしまう可能性がある。

カウンセラーがクライエントの傷つきを安全に受け止めるためには，母性原理（受容や共感の機能）だけではなく，父性原理（原理や倫理の機能）をもつ必要もある。

例えば「クライエントにとって避けて通れない問題」，あるいは「クライエントを危機的状況から守るためには，きちんとした場を提案する判断が必要である」など，難しい判断が求められる場合，前者ではクライエントによい顔をしたくなるし，後者では自らの責任を回避したくなる。しかし，クライエントの福祉にとって何が必要なのかという観点から，クライエントとの対決や倫理的判断が必要である。

ⅳ）カウンセラーに求められる3つの姿勢・態度

アメリカの臨床心理学者であるロジャーズは，カウンセリングが有効であった事例に共通していた聴く側の3要素として共感的理解，無条件の肯定的関心，自己一致を挙げ，これらがカウンセラーに求められる人間尊重の姿勢・態度とした。このようなカウンセラーの姿勢によって，カウンセリングは治療的に進行する。

①**共感的理解**（empathy, empathic understanding）　相手の話を，相手の立場に立って，あたかも相手のように（as if），相手の気持ちに共感しながら理解しようとする姿勢。「今ここ，この瞬間」のクライエントをあたかも自分自身のように感じることができること。クライエントの訴えや感情を自分のことのように感じて理解し，それを正確に伝え返すことができたならば，そのようなカウンセラーの応答によって，クライエントは自分だけでは見えなかった気持ちを理解できるようになり，「そうだったのか」という気づきがうまれ，自己成長につながる。

②**無条件の肯定的関心**（unconditional positive regard）　相手の話を善悪の評価，好き嫌いの評価を入れずにそのままに聴く姿勢。相手の話を否定せず，なぜそのように考えるようになったのか，その背景に肯定的な関心をもって聴く。クライエントを尊重する姿勢の表れである。話し手は，良かったことも悪く感じていることのどちらも安心して話すことができる。

③**自己一致**（congruence）　カウンセラー自身が内的に感じていることと，カウンセラーの応答が一致していること。「純粋性」ともいう。クライエントに対しても，カウンセラー自身に対しても，真摯な態度で臨み，話がわかりにくい時はわかりにくいことを伝え，その経過や真意を確認する。わからないことをそのままにしておくことは，自己一致に反する。そればかりか，クライエントの伝えたかった真意を受け止めきれず，空回りしてしまう。

ⅴ）言語的コミュニケーションと非言語的コミュニケーション

医療現場では，患者の問題を正確に伝えるために言語的なコミュニケーシ

ョンを用いる。一方，カウンセリングでは，患者の気持ちや情緒などに共感するために，言語的コミュニケーションだけでなく非言語的コミュニケーションの両方を使う。

　非言語的コミュニケーションとは，表情，まなざし，姿勢，身振り，うなづきなどによる。雰囲気や印象なども含まれる。

　カウンセラーは，言語と非言語のコミュニケーションができるだけ一致するように気をつけなければならない。不一致の場合，クライエントに不安や不信を喚起してしまうからである。

C. 基本的な面接技法

　カウンセリングにおける基本的な面接技法をいくつか紹介する。これらの技法を使うことで，クライエントは，自分の気持ちを語りやすくなる。教育や医療領域で用いられがちな「指導」や「助言」などがないことに，カウンセリングにおけるコミュニケーションの特徴がある。

i）うなずき，簡単な受容

　「うんうん」「なるほど」「そうですか」などと言ったり，軽くうなずきながら聴く。まずは，受け入れていることを感じてもらう。その後の話を促進する。事務的な対応とは対極をなす。

ii）くり返し

　クライエントが話したポイントを捉えて，「〜というわけですね」「〜ということですね」「〜というお気持ちなのですね」などとくり返す。その場合，**感情に焦点化する**と，気持ちを話しやすくなる。クライエントの話しや気持ちが反射されてくると，クライエントは自分の気持ちを理解することにつながる。応答がぴったりあった感じをうけたら，きちんと聞いてもらえていることがわかる。

iii）明確化

　クライエントがまだはっきりと意識化・言語化していないことを，カウン

セラーが説明する。例えば，「…最近，お母さんが，毎日，あまり話をして
くれないのですね」「そうなのですね…。何か，見捨てられたような気持ち
になるのですね」など。

iv）支持（サポート）

クライエントの発言に対して，カウンセラーが励ましやいたわりを述べる。
例えば，「あなたのおっしゃることは，とてもよくわかります」「あなたのお
っしゃる通りです」など。

v）質問（How〜?）

クライエントの話でわかりにくかったところ，漠然としているところ，気
になったところなどを問い直す。一般に，カウンセラーがそのような感じを
もつ部分はクライエント自身にとってもあいまいであることが多く，問い直
されることで，自分の気持ちや考えを探求したり，明確にすることにつなが
る。ここでいう質問とは，クライエントが話しやすいように，促進すること
が目的であり，カウンセラーの関心や興味をやみくもに質問することではな
い。したがって，クライエントが語りやすいようにリードすることに近い。

　質問には，開かれた質問（open question）と，閉じられた質問
（closed question）がある。開かれた質問は，「How 〜?」で，経緯や
どうしてこのようなことにならざるを得なかったのかなどのその人なりの感
じ方や背景を尋ねる。開かれた質問（How 〜?）で尋ねられることにより，
自分自身が本当に感じていることや認識を語りやすくなる。対して「閉じら
れた質問」とは，yesかnoで答える質問である。質問に対して正しいかど
うかを知るうえでは有効であるが，カウンセリングで用いる場面は限られる。

D. カウンセリングの進め方

　カウンセリングの具体的な進め方や留意点を，時間の流れに沿って，「導
入期」「展開期」「終結期」に分けて**表2.1**にまとめた。

表2.1　カウンセリングの進め方

導入期	問題や経過の把握, 安心・信頼できるような関係づくり 　まず, 電話で初回面接（インテーク面接）の予約を受ける。そして, 初回面接（90分程度）において, 主訴（悩み）, 経過, 生育歴, 家族歴, 紹介経緯などを確認する。初めての面接なので, クライエントは不安や不信が大きいが, そのことをふまえて受容的・共感的な姿勢で対話する。クライエントの語った内容から, 悩みや症状の背景や原因についてアセスメントをする。そして, 面接目標の設定, 時間, 回数, 場所, 面接料金などの面接契約について相互に確認する。クライエントは, 自ら来談するのであって, 無理に来談することはない。クライエントとカウンセラーは互いに心理的に安全な関係であることが維持される。
展開期	問題や悩みについて, 新たな捉え方や気づきが芽生えたり, 問題との距離がとれたりする。上手く自分と付き合うことができることを実感する。自分の気持ちを表現することによって, 自分の気持ちを捉えなおすことができるなど, カウンセリングの重要性を深く実感するようになる。 　カウンセラーは変わらぬ態度で接し続け, どのようなことがあっても変わらない存在, 話しの続きを聴いてもらえる存在として, 少しずつ, クライエントの中に内在化されていく。クライエントは, 日々の困ったことだけではなく, それに関連するこれまで話せなかった辛い気持ちや記憶, 感情などを語る。心の奥にある怒りや不安, 不満や悲しみなどの感情は, 聴き手も語り手をも傷つけやすいが, 面接関係に守られて, その記憶や感情を取り扱うこともできる。カウンセリングの中で, クライエントが自分の問題と直面することが起こり, 時に, 中断となる場合もある。そのような事態を理解するうえで, 上級者によるスーパービジョンを受けることは不可欠である。
終結期	最初の面接目標がある程度達成されてくると, カウンセラーやクライエントの中に, そろそろ終結の気持ちがわいてくる。続けることもできるが, 面接目標が達成されると, とりあえずの終結が望ましい。もし何か困ったことがあれば, 再度, 来談してはじめることができる。終結の際には, それまでのカウンセリングについて振り返る。クライエントの自己理解はどのように変化してきたのか, どのような意義があったのかなどを話し合う。そのことで, クライエントはカウンセリングの経験をよりはっきりと自分の中に定着させることができる。

E. 熟練したカウンセラーの特徴

カウンセラーとしてどのような姿を目指すべきか。熟練者になるためのモデルとして，以下の事項を参考にしていただきたい。

- 内面が豊かでクライエントの声を十分に聴くだけの心の器がある
- 自分の意見や考えを押し付けない
- ただ話を聴くだけに終始せず，今後の方針をわかりやすく説明できる
- 豊かな臨床経験があり，他者の意見に耳を傾けることができる
- 他職種の専門家から学ぶ姿勢があり，協調性がある
- 専門機関や社会資源にアクセスできる
- 自己の未熟さや力量不足を自覚している
- 学会や研修会，スーパービジョンによる学びに熱心である

2.6節 | 多職種連携における心理職の役割と苦悩

A. 二者関係を深めるカウンセリングの特徴（相談室モデル）

心理職にとって，二者関係を深めるカウンセリングの技能は，基本となる専門性であり，心理職と他の専門職との違いを明確にする独自性（アイデンティティ）である。

これらの技能は，心理相談室において実際のケースを担当すること（大学院において，少なくとも2〜3ケース）と，上級者のスーパービジョンを受けることによって基本が身につく。

B. 生活の場に身を置いたときのカウンセリングの特徴（生活場面モデル）

地域の心理臨床の現場は，主に医療，教育，福祉，司法・矯正，産業の5領域である。実は，どの領域においても，二者関係でクライエントと関わることができる心理相談室をもった現場は多くはない。面接構造をしっかりともつことが難しい場面が多い。例えば，教育におけるスクールカウンセリングも，教育現場における多様な人たちと一緒に子どもや保護者の問題に関わるなど，多職種連携の中で機能している。むしろ，その現場での多職種の方々との関係性をどのように活用して，クライエントにとってのよりよい抱

生徒－保護者－学校全体の関係性の包括的支援
生徒－保護者の"抱え環境"を促進する
多職種連携，守秘義務の取り扱いが要

相談室にクライエントが来談する

安全な場の中で，
安心してお互いに
話すことができる

カウンセラー　　クライエント

家庭
父
管理職
カウンセラー
母
担任
生徒 A
（クライエント）
生徒 B
地域の社会資源

図2.5　相談室モデル（左）と生活場面モデル（右）の違い

え環境を作るかが重要である。

　例えばスクールカウンセリングでは，学校という生徒，教師，保護者など
が生きている生活場面に身を置くゆえに，そこに登場する教師や保護者，管
理職まで直接に関わることで，早期に対応できるだけでなく，現場の困難な
事例への対応を通して，学校の支援体制や教師・保護者の本来の力や協力体
制を引き出し，さらには子どもの抱え環境としての文化や風土にも影響を与
えることができる（**生活場面モデル，図2.5右**）。これは，いわゆる相談室
モデルでは難しいアプローチである（**図2.5左**）。

　生活場面モデルの場合，守秘義務の問題をどう取り扱うのかが難しい。相
談室での二者関係モデルであれば，守秘に徹することができたが，生活に近
い場面で活動する場合，クライエントが語った本心を，クライエントの了承
を得たうえで，多職種と共有する手続きが不可欠である。カウンセリングの
基本技能（相談室モデル）を用いて，地域の中で多職種と協力し，クライエ
ントに守秘の了解を得ながら展開するコミュニケーション力，さらには身軽
なフットワークが求められている。

　これらのためには，5領域の現場を実際に見学し，その現場の方々の現状
や悩みを聴く体験が不可欠である。

C. 心の "うち" と "そと" を行き来する心理職のジレンマ

生活場面モデルにおいて，心理職は，カウンセリングの "枠"（2者関係を重視する枠組み「面接構造」）が不明瞭であるために，足元を失ったような体験をすることがある。また，現場では「働きかけの知」と「受け身の知」の違いによる，実際の対立や衝突などが生じやすい。また，自分の心を使って支援することにより「燃え尽き症候群」にも陥りやすい。

「働きかけの知」と「受け身の知」の両方が上手く機能することが，クライエントや患者の支援に重要であり，そのことが心と体への支援の質を上げることにつながっていることを知ることが，何よりも大切である。

引用文献

原田正文, 不登校をプラス思考で乗り越える　親子の道しるべ30の事例, 農村漁村文化協会, 1994.

大澤美枝子著, 恩田彰・伊藤隆二編, カウンセリング, 臨床心理大辞典, 八千代出版, p.71, 1999.

山本和郎・村山正治（編著）, スクールカウンセラー　その理論と展望, ミネルヴァ書房, 1995.

参考文献

播磨俊子・佐藤眞子・澤田瑞也編, カウンセリングを学ぶ人のために, 世界思想社, 2003.

河合隼雄, 心理療法序説, 岩波書店, 1992.

前田重治編, カウンセリング入門　カウンセラーへの道, 有斐閣選書, 1986.

霜山徳爾監修・真鍋恭孝編, 心理療法を学ぶ　基礎理論から臨床まで, 有斐閣, 1993.

内原香織・竹森元彦, アイデンティティ危機としての中年期男性の職場不適応の事例－ "職場への適応"から"生き方の模索"へ－, 香川大学教育学部研究報告第I部, 149, 83-91, 2018.

第 3 章

心理療法の理論と心理臨床の実際

　本章では，臨床心理学に基づく「心理療法」（psychotherapy）に関する理論と心理臨床の実際について概説する。心理療法は，心理的に困っている人を援助するという極めて実際的な要請に応えて行われてきており，精神医学的な症状やこの世を生きてゆくうえでの難しい心理的問題を抱えて来談されるクライエントに対して，相談室やプレイルームといった物理的空間の「器」の中で，セラピストもまたこの「器」の1つとして存在し，クライエントを迎え入れる営みである。河合（1992）は「心理療法とは，悩みや問題の解決のために来談した人に対して，専門的な訓練を受けた者が，主として心理的な接近方法によって，可能な限り来談者の全存在に対する配慮をもちつつ，来談者が人生の過程を発見的に歩むのを援助すること」と定義しており，セラピストはクライエントを矯正したり指導したりするのではなくて，クライエントの個別性や主体性を尊重するという基本姿勢に基づいている。

3.1節 心理療法とは何か

A. 心理療法の「器」

　心理療法は，面接室が設置されている相談施設にて実施されていることが多い。具体的には，大学附属心理臨床相談室や学校，民間企業，児童養護施設，精神保健福祉センター，病院の精神科・小児科・心療内科や精神科クリニックに加えて，私設相談室（開業オフィス）などの相談機関にて行われている。相談室は物理的な空間であるとともにクライエントの悩みを抱えるための「器」である。

　心理療法には，場所，時間などの物理的な枠組みが重要である。いつも同じ場所，曜日，時間に心理療法が行われることにより，クライエントにとっては安心して身を委ねられる「器」となる。同時にセラピストは安定した枠組みを維持することが求められるが，このことは案外難しい。ときにセラピス

トはクライエントの役に立てない無力感やクライエントからの言動に傷つくことがある。それでもセラピストは，できる限り心理療法の場に居続ける存在でなくてはならず，そのためにも心理臨床家としての専門的訓練（ケース担当，スーパービジョン，ケースカンファレンス）を不断に行う必要がある。

　さて，導入にあたっては，主訴（クライエントが一体何に困っているのか），来談動機（心理療法に一体何を求めているのか，どういうことを期待しているのかなど），現実面の問題とともにクライエントの生育歴を含めたこれまでの個人史について，初回面接（インテーク面接）において丁寧に聴取する必要がある。心理療法を開始するにあたっては，クライエントの病態水準を見立てつつ，クライエントと面接方針に関する同意を得ながら進めることが大切である。また精神医療受診の必要があると見立てられる場合には，専門医へリファー（紹介）する場合もある。いずれにしてもクライエントの人権，福祉を第一に考え，セラピストができることの最善を全力で考えることに尽きる。

B. クライエントの語りを聴くこと

　クライエントの語りに耳を傾けることが心理療法の基本といえる。人の話を聴くだけで心理療法が成り立つのかと思われるかもしれないが，実際にクライエントの語りに耳を傾け続けることは容易なことではない。一般的に，心理療法において積極的な助言は行われない。

　例えば，クライエントから『前向きになれません。どうしたら前向きな気持ちになりますか？　教えてください』との問いに対して，どのようにセラピストは応じるのであろうか。「一度きりの人生，明るく元気にやろうよ」と励ますのだろうか，それとも「楽しいことを思い出して，前向きな気持ちをもてるように努力したらいい」と助言するのだろうか。いずれの応答も表面的であり，クライエントにとって本質的な意味をなさない。クライエントからすると，『明るく元気に生きたいけどできない』のであって，『前向きになれない』とする世界にセラピストはまず関心を寄せ，クライエントの訴えの背景にある葛藤や戸惑い，苦しみを理解しようとする態度が必要である。先ほどの例に挙げた文脈においての助言は無用有害であろう。すなわち，**心**

理療法では，セラピストはクライエントが自身の人生を発見的に歩もうとする営みの同行者であり，セラピストがクライエントの人生の道を方向づけるものではない。河合（1992）は，クライエントが発見的に歩む営みについて，吃音のクライエントを例に提示している。

> あるとき，吃音のクライエントの心理療法を行なっていたとき，「先生は今までに吃音の人を治療したことがありますか」と訊かれた。その質問は言外に，こんな面倒なことではなく，吃音の治療法というのがあれば，早くそれをやってほしい，あるいは，治療者はそういうのを知っているのか，という意味がこめられていた。そのとき治療者は「吃音の方には今まで何人かお会いしてきましたが，吃音である××さんという方にお会いするのは，これがはじめてです」とお答えした。この答によって，クライエントは心理療法は「発見的」なものであり，それに伴う苦労もあることを了解されたようである。

　上記の例からわかるように，心理療法においてクライエントが抱える心身の訴えや人生上の悩みに対して，手っ取り早く除去する方法は持ち合わせていない。クライエントの訴えを手がかりに，じっくりと対話することを通して，クライエントが自分の人生を発見的に生きてゆく態度を自分なりに確立しようとするのである。逆説的であるが，クライエントがそうした心の作業を行うようになれば，セラピストを必要とすることなく，心理療法は終結することになろう。そのためにも，セラピストはクライエントの語りに聴き入ることを行っており，そこには「共感的」にクライエントの語りを聴くことが大切である。一方，「わかろう」と共感的に聴こうとするあまり，「わかったつもり」になる側面があることも知っておきたい。
　実際，心理療法では，セラピストはクライエントの話を聴く中で，クライエントの眼差しの震えやためらい，あるいはことばの選択の迷いや表情の微かな変化など，クライエントとセラピスト相応ともに全身で対話している。いわば，互いに深く相手のうちに入り込む関係といえる。時には，クライエントが石のように感じられる瞬間もあり，張りつめた空気が面接室を覆うこ

ともある。そして簡単にわかり合えるものではないことを知る。

　以上のように，心理療法は「わからない」ことを出発点にクライエントの体験を素朴に虚心に聴き入る態度のもと，クライエントを外から眺めるのではなくクライエントを身に感じて生きる，そういう経験がいくばくかクライエントを理解する道程だと考える。

3.2節 | 多様な心理療法の理論

　心理療法には，個人療法や集団療法，遊戯療法などアプローチの違いによるものと，精神分析，分析心理学，来談者中心療法，行動療法などさまざまな学派に基づいたものがある。

　すべての心理療法について網羅的に記述することはできないために，ここでは精神分析療法，ユング派心理療法，遊戯療法，箱庭療法，認知行動療法の5つを取り上げる。

A. 精神分析と古典的な精神分析療法

　精神分析は，こころが意識だけではなく無意識からも成り立っているとみなす深層心理学の源泉である。特に，精神分析においては，無意識が性的なものと関係づけられて理解されており，創始者のフロイトによれば，神経症の背景に抑圧された性的衝動を仮定していた。そして，初期のヒステリー研究では，抑圧された性的衝動はヒステリーという身体への転換として理解されていた。

　馬が怖いという有名なハンス少年の症状は，怖いのは馬ではなく父であり，自らの性的衝動を禁止する父が怖いとみなしていくのであるが，初期のフロイトの理論では，無意識領域の衝動がカタルシス法などに見られるように，抑圧されている体験を解放することを通して，意識化することが治療的に重要であるとされている。またヒステリーなどの症状が幼少期の性的外傷が無意識に抑圧されているとの理解を示していたが，必ずしも幼児期における性的外傷経験を伴っているのではなく，むしろ患者たちの空想であることに気づき，仮に外的な事実と異なったとしても，「性的誘惑があった」とする

「心的事実」を大切に扱わないといけないことに言及しており，その後，精神分析の理論が発展，洗練されていく歴史的経緯がある。

　後期のフロイトでは，悪夢のような不快な夢について，これまでの快感を獲得し，不快を避けるといった快感原則に基づいた理解では還元できなくなっており，その矛盾を体験している。快感原則の彼岸へのフロイトの心変わりが最初に具体的に見えるのは，1915年に生じた孫のエルンストの遊びを観察したときとされている。

　幼いエルンストの糸巻きでの遊びは，糸巻きをベッド越しに投げ出しては引き戻すことをくり返しており，フロイトの解釈によれば，エルンスト自身は糸巻きを支配する遊びであり，それをすることで不在していた母親のゾフィーの在と不在という苦痛を再演しており，従来の精神分析的な理解による快感原則の支配に完全に入らないある力，「死の欲動」が仮定されるようになった。現在においては，性的なニュアンスはかなり控えめになっているように考えられるが，精神分析において性と欲望という視点はフロイト理論の中核をなしてきていると思われる。

　ところで，精神分析家による精神分析技法において重要なことは，治療契約を結ぶことである。前節の「A 心理療法の器」で記述した通り，分析が決まった時間，場所で行われ，それに対する報酬が支払われることが決められている。特に他学派と比べて，週4～5回の時間をとれてこそ精神分析であるとする傾向がある。そしてクライエントは寝椅子に横になり，分析家はクライエントの背後に見えないように座り，「何でも頭に浮かんでくるままの順序で思いついたまま自由に話すように」という指示に従いクライエントは話し，セラピストはその語りを傾聴する。その際，セラピストは，忠告，説明，助力をなるべく控えるようにつとめ，クライエントの語りに耳を傾けることを行う。これを自由連想法と呼ぶ。

　次に，代表的な精神分析療法の介入について概観する。心理療法過程において，クライエントは治療で話を続けることが辛くなったりした場合，クライエントの遅刻やキャンセルが生じることや「話すことが思いつかない」など自由連想が停滞する。こうしたクライエントの言動は，面接契約に反する現象でありクライエントの抵抗（resistance）として理解される。同時に，

クライエントの「抵抗」の産物として行動化（acting out）が生じ，本来面接の中で扱われるべき行動が面接構造外で生じてしまっている状況にある。これらの現象を通して，セラピストとクライエント関係で生じる転移（transference），逆転移（counter transference）という概念をもとにクライエントの語られた言葉からクライエントの無意識的な葛藤を解釈する。

　このように，心理面接において生じた転移が，「誰に向かっての感情なのか」「どのような感情の反映なのか」を分析することでクライエントの理解につながると考えられている。この転移には陽性転移と陰性転移がある。陽性転移は，依存欲求や愛着欲求がセラピストに向けられ，肯定的で親密な言語的・非言語的表現がなされる。一方，陰性転移は，敵意や攻撃行動がセラピストに向けられ，否定的で拒絶的・批判的な言語的・非言語的表現が生じる。そして，セラピストがクライエントからの転移に応じて，クライエントに対して非合理的な感情を向けることを逆転移感情と呼ぶが，セラピストが自らの逆転移感情を自覚して，それに振り回されることなく，なぜ逆転移が生じているのかを洞察することでより深いクライエント理解が可能となる。

　面接過程では，そうしたクライエントの「抵抗」や「転移」が生じた場合には，セラピストは質問によって明確化（clarification）や直面化（confrontation），さらには解釈（interpretation）をしたりする。

　「明確化」とは，クライエントが語った内容を簡潔な言葉で言い返すことで，クライエントの自己理解を援助する。

　「直面化」とは，クライエントが受け入れがたい不快な感情や苦痛を伴う記憶をセラピストが言葉にし，クライエントの逃避やものごとの矮小化などを共有するものである。例えば，クライエントから「私はセラピストから見捨てられるだろう」と言われ続ける際，セラピストは「あなたは私にしがみついている。私はあなたの母親とも違うのに，あなたの振る舞いが同じなのは不思議だ」に対し，クライエントは「セラピストが母とそっくりだからだ。セラピストも母も私を重荷に感じて見捨てるのだ」と言うかもしれない。そしてセラピストが「私があなたを見捨てるとどうして思うのか。私はあなたの話をきき，あなたを理解しようと努めている」と問い返すことにより，「なぜ私は見捨てられることをいつも恐れているのだろうか？」とクライエ

ント自身が自分の言動に不思議がる契機となるやもしれない。

　「解釈」にあたっては，まず「抵抗」から先に解釈するのが原則で，内容に関する解釈はその後からである。一般的に「解釈」とは，クライエントが自分では気づかなかった感情に気づかせることを意図した介入であり，無意識の意識化といえる。

B. 分析心理学とユング派心理療法

　無意識の重要性を発見したフロイトは，どちらかといえば，意識から抑圧した心理的経験や感情や思考，行動などは無意識によって影響されていると考える理論をもとに，クライエントの症状改善や問題解決を図ろうとした。一方，スイスの精神科医・心理療法家であるユングにより命名された分析心理学（analytical psychology）は，まだ意識されていない多種多様な「モチーフ」・「コンプレックス（complex）」・「元型（archetypus）」といったものが存在していると考え，普遍的無意識（collective unconscious）には個人を超えたイメージを生み出す意識の中心である自我と区別し，こころ全体の中心としての自己（self）を位置づけた。精神分析に比べて，分析心理学が強調する特徴は，例えば，精神分析が夢を過去の出来事や夢見手のパーソナリティに還元して因果的に理解しようとするのに対して，分析心理学はその夢が全体として何を意味していて，何を目指しているのか，夢そのもののイメージの自律性を捉えようとするところである。

　図3.1は，ユング派の河合隼雄が図式化した「こころのモデル」（河合，1984）である。河合によると，

> 現代人はこの自我が強力に肥大してきている…(中略)…(自我の下に)どうもこの下にもう一つありそうに思っているのですが，これを何と書くべきか，XとかBlack Boxとか書くべきでしょうが，昔からの言葉を使うと，どうもこれは魂と言われているたぐいのものじゃないかと思っています。ユングはこの辺りのところを普遍的無意識という呼び方をしたとも考えられます。

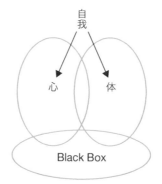

図3.1　河合隼雄の「こころのモデル」
（河合, 1984, p246）

と述べており，分析心理学では，無意識からのはたらきを大切にしている。とりわけユング派の心理療法では，夢であれ箱庭療法であれ，クライエントのイメージの流れに身をゆだねる側面が強く，自己治癒力への信頼感が強い。

　次に，ユングが報告する夢分析の事例（ユング，1976/2006）を紹介する。夢見手は，40歳の男性で公立学校の校長であり，時々奇妙な眩暈に襲われ，動悸，吐気，妙な無気力発作などの症状や疲労に悩んでいた。この男性は，①故郷へ帰る夢，②汽車の脱線の夢の2つを報告している。

　夢②は以下のようなものである。

　　重要な会議に出席しなければいけないが，出がけに家の中で帽子，コートなどを探し回っている状況がある。「全部を揃え，彼は家を走り出しますが，折りカバンを忘れていることに気がつきます」と再び家に取りにかけ戻り，息せき切って駅に着くと，「汽車がちょうど出てゆくところなのがわかります」と図3.2「汽車の夢」のように見えている。「彼はAにおり，汽車の最後尾がもうBのところにあり，機関車はCのところにあります。彼は，長い汽車がちょうどカーブを曲がっているのを見ています」。そして「Dのところに着く時に機関車が全速力で突進しないように十分知性を備えてさえいればよいのだが，もし全速力で進めば，運転手の後方にあって，まだカーブを曲がりきっていない後部の車輪は脱線してしまうだろうと考えています」。その後，運転手はスチームのスロットルを全開にし，汽車は脱線し，男性はその恐怖で目が覚める。

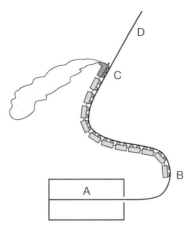

図3.2　汽車の夢（ユング，1976，p126）

　この夢についてユングの見解は，「たくさんの障害物が邪魔をするという夢は，夢を見た人が実際にこのような状況にいたり，何かに神経質になっているのとまったく同じ」であるとし，意識的な意図に対しての無意識の抵抗が存在すると言及する。加えて，「カーブを曲がり切っていないのに，スチームを全開して前進する運転手のように愚かであってはならない」とする警告夢の要素があることを指摘している。

　一方，ユングは「（夢分析の）作業を行うには，自信のないのがいちばん安全といったような，あぶなっかしい場所を歩いているのだということを，片時も忘れてはなりません。逆説的に聞こえるかもしれませんが，夢判断する人に向かって「どうか理解しようとしないで！」と叫んでやりたいくらいなものであります」（ユング，1976）と述べており，この言葉は肝に銘じておかなくてはならない。夢を考えていくことは，何よりもまずクライエント自身が夢について思い浮かべること，夢から引き起こされる連想について真摯に聴き入ることである。夢とは何であるかは探求しすぎてもわからないものであるが，夢見手がどのように夢の中で主体的に自身の夢に関わっていくのか，そうした夢のイメージを扱うのがユング派の心理療法の特徴といえる。

C. 遊戯療法

　心理療法の多くは言葉を主たる媒体として行われるが，遊戯療法（play therapy），箱庭療法（sandplay therapy），描画法（drawings）などのイメージを介した心理療法においては，言葉同様に非言語的な表現が大切に扱われる。遊戯療法とは何か，そして「遊び」の意味について触れる。

i）遊戯療法における受容と制限

　遊戯療法とは，遊びを介して行われる心理療法のことであり，一般的には，2，3歳〜11，12歳の子どもを対象として行われる。遊戯療法の最も基本的な形式は，子どもとセラピストが一対一で関わり合う個人遊戯療法であり，加えて，子ども自身が遊びを自由に選択できる自由遊戯療法であろう。

　さて，今日の遊戯療法のあり方を語るにあたり，アメリカの児童心理学者のアクスラインの存在は大きい。アクスラインは，クライエント中心療法（client-centered therapy）の創始者であるロジャーズの弟子であり，彼女はロジャーズの「非指示的療法」に倣い，「非指示的遊戯療法（NDPT：nondirective play therapy）」を主張し，子どもの自由を尊重するとともにセラピーにおける最小限の制限を設けた遊戯療法の8原則を提唱した。8原則とは，①ラポールの形成，②あるがままの受容，③許容的な雰囲気を作る，④情緒の的確な察知，⑤子どもに自信と責任をもたせる，⑥非指示的態度，⑦治療を急がない，⑧必要な制限を与える，である。以上の原則は，子どもの自主的なこころの働きを見守り，セラピストが無用な介入をすることを避けるよう心がける態度によって貫かれている。

　遊戯療法における「遊び」は，自由かつ創造的な評価のない世界であり，その中で子どもは非現実的幻想の世界に浸り，時にヒーローになれれば悪役にもなれ，際限なく役割を演じることができる。一方，そうした彼らの日常は，いじめや虐待，不登校など，過酷な日々を生きている場合が多く，抑圧された感情や自己否定的な感情に覆われているのも事実である。

　実際のプレイセラピーでは，非現実世界へ埋没するがゆえに，セラピストは子ども側からの激しい暴力などの攻撃行動やおもちゃを壊すなど，お互いの了解がなされる現実を超えた表現が表出することがある。そうした場合に

は，必然的に遊びという非現実的空間でありながらも，現実的存在であるセラピストによる制止などの制限（枠）を与える場合がある。一見，セラピストが与える制限（枠）がクライエントの主体性や自由な表現を受容する態度と反すると考えられるが，実は，こうしたセラピストの態度は，子どもに対して責任をもって関わろうとする姿勢であり，生きた人間的なやりとりである。このように遊戯療法は，子どもの否定的表現をも含め，セラピストがしっかりと守り抜こうとする場であり，受容と制限（枠）との両義性が遊戯療法の磁場となるのである。

ii）遊戯療法における保護者への支援

　子どもの病院臨床の現場における「遊び」について，「『小児病院』では，『治療』と『遊び』が常に隣り合わせで存在している」（髙橋，2016）とし，「病院全体が遊びの大切さを認識している」と院内において子どもたちを出迎える際の季節に応じた飾り付けやホール内のコンサートやピアノ演奏など，来院した子どもやその家族にとって，心地よい時間になるような配慮や工夫がなされている。

　子どもに関わる心理臨床の現場では，子どもに関わることはもちろんであるが，その家族に関わることも重要な役割の1つである。子どもの場合，親などの家族の協力をもってして，はじめて心理臨床の場で出会うことができる。子どもの病気やそれに付随する悩みごとなど，親自身も日々の生活に疲弊し，ゆとりがもてず苦しむ姿があるのも事実であり，子ども同様に親に対する心理的な支援の重要性はいうまでもない。

　一般的に遊戯療法の始まりには，保護者との面接を行う親子並行面接（子ども，保護者個別にセラピストが担当）や継時面接（同一セラピストが親子を担当）が導入される。保護者面接では，保護者から子どもの生育歴や生活状況を定期的に伺うということに主眼がおかれるが，同時に子どもを相談室に連れてきてくれることへの敬意を忘れてはならない。高石（2009）は，母親面接をめぐる覚え書きとして，「母親に〈教育的指導〉などとは笑止千万である。すべからく，部外者が思いつくような指導助言はすでにとっくに母親が知っているものと考えた方がよい。知ってはいるが，諸般の事情で

実践できないのである。それを指摘することは，端的に母親に対する非難以外の何物でもない」と保護者への助言・指導的な関わりに警鐘を鳴らしている。さらには「（母親の）その訴えや愚痴，わだかまりを黙って聴くこと，そう言わざるを得ない，そう振る舞わざるを得ない背景をしっかりと聴き取ること，その共感的理解の上に立って，願わくば，子育てという難業の一端を担わせて頂くこと，最低限そうした姿勢と心構えを持つこと」と指摘し，保護者担当セラピストの基本的姿勢について言及する。

　子どもの遊戯療法が成立するためには，保護者の協力が必要であるために，保護者もまた子どもの心身の回復に向けた協働的パートナーといえる。

D. 箱庭療法

　箱庭療法とは，創始者のカルフに教えを受けた河合隼雄が1965年に「箱庭療法」という呼称で紹介して以来，現在の心理臨床現場で幅広く活用されている。箱庭療法は，内法57×72×7cmの木箱に入れた砂とミニチュア玩具を自由に使って，砂箱の中に一種の作品を作ることにより，クライエントが自分の内的世界を表現する心理療法である。

　箱庭療法そのものの手順は極めてシンプルであり，数多のミニチュア玩具からいくつかを選び，それを木箱の中に置いて作品を作る。クライエントは，自分のなかで湧いてくるイメージの展開に任せて自由に作品を作っていく。

図3.3　グループ箱庭から
グループで箱庭を製作するグループ箱庭。香川大学大学院1年生の心理臨床の基礎トレーニングの一環として行っているもの。

実際の導入には、「ここにある玩具でこの中に好きなものを作ってみるものです。やってみますか？」とか「これで遊んでみる？」などの説明で十分である。そして、クライエントが製作している間、セラピストはそれとなく自然に感じられる場所にいて箱庭制作を見守っており、製作中はクライエントの製作する表現に干渉しないよう受容的な態度で見守っている。

　箱庭療法の特徴について、川嵜（2018）は「箱とは箱庭療法そのものを成立させる容器であり枠であり、その本質としてクライエントとセラピストの関係性が箱として具現化したものにほかならない」と述べる。箱庭療法における「箱」は、「箱」の容器の中の表現を受け止めるセラピストが砂箱の背後にいない限り、「箱」は物理的な「箱」でしかない。河合（1984）の、「私が〈箱庭を置かれますか〉というのは、私がビルの下にいて、両手を広げて十階の人に〈どうぞ〉と言っているみたいなものです」との言葉は重たい。クライエントの表現をセラピストが全身全霊で受け止める覚悟のない中での箱庭療法の実施は、本質的には意味をなさない。

　本来、箱庭療法における作り手のこころの中は、久米が「アイテムを置いていく段階でも『ピッタリ感』を探していく」（久米，2015）と指摘するように、「私」という感覚が深く結びついている。しかしながら、「ぴったり感」を求めて制作が進んでいくが、時にクライエントは自分が作った箱庭の作品について違和感を覚え、「このようなものを作るつもりがなかった」と自我違和的に話す場面に遭遇する。紛れもなく私自身が作った作品ながらも「私」だけれど「私」じゃない感覚、とも言い換えられる。こうした自我違和的な箱庭体験は、これまでの私の内面の均衡状態にずれや揺れを生じる契機となるかもしれず、こうした箱庭体験そのものが箱庭療法の治療的機能であるとも考えられる。

　いずれにしても、箱庭療法はクライエント一人で作るものではなく、その傍らでクライエントを見守るセラピストの存在が重要となる。セラピストの不在状況やセラピストの十分な心理的関与がない中で作られる箱庭は、治療的機能はなく、極めて危険な道具となることを心に留めておきたい。

認知行動療法（cognitive behavior therapy）は，行動療法と認知療法が合体したアプローチであり，略して「CBT」と呼ばれることが多い。

行動療法は，行動心理学と学習心理学に基づく実証主義的な心理療法として1950年代頃より発展しており，具体的にはウォルピの系統的脱感作法[1]から発展した不安障害に対する行動療法やスキナーの応用行動分析などが挙げられる。一方，認知療法は，ベックが精神分析を批判的に検討する中で「自動思考と感情の相互作用」という現象を発見し，1960年代頃からうつ病に対する認知療法を構築していく。そうした中で，1990年代以降，行動療法と認知療法の統合を試みるべく「認知行動療法」の名のもとに新たな心理療法が生まれた。

認知行動療法は，伊藤（2016）によると『「認知」（ストレスの問題に対する頭の中の考えやイメージ）と「行動」（実際のパフォーマンス）の工夫を通じて自己改善するための考え方と方法の総称』と定義され，当事者の自助（セルフヘルプ）の回復や育成を最大の目標とする。なかでも，ネガティブな思考と感情に対して「距離をとる」，あるいはメタ認知的気づき[2]ができるようになることにより，ストレス低減につながるとされている。

従来，認知行動療法は，精神科領域においてうつ病や不安障害のクライエントに対して実績を積んできているが，現在では，精神科領域以外の産業，教育，司法領域など多様な領域で活用されており，とりわけ，刑務所や少年院，保護観察所などの司法領域での更生プログラムの中に認知行動療法が正式に取り入れられている。このように病気の治療や犯罪者等の更生に加えて，犯罪の抑止や予防のために認知行動療法が導入されている。

最近の動向としては，「マインドフルネスに基づく認知療法」（mindfulness-based cognitive therapy）があり，うつ病の再発予防に効果があ

1　系統的脱感作法は，不安階層表に基づき不安の程度の弱い刺激から順に不安喚起刺激を呈示していく。それと同時に，不安反応に対して逆のリラックスという反応を「拮抗条件づけ」する治療法である。

2　メタ認知とは，自らの認知（考える・感じる・記憶する・判断するなど）を客観的に把握すること。

ることで注目されている。その特徴は，心に浮かぶ思考や感情に従い，価値判断をするのではなく，そうした思考が湧いたことを一歩離れて観察するというマインドフルネス（今の瞬間の現実に常に気づきを向け，その現実をあるがままに知覚し，それに対する思考や感情には囚われないでいる個々のもち方，存在の有様）の技法を取り入れ，否定的な考えや行動をくり返すことがないようにすることを目指す。

　総じて，認知行動療法的な視点は，セラピストがクライエントの問題解決を直接援助するのではなく，クライエント自身が瞬間瞬間の自分の日常的経験における気分や感情をあるがままに関われるように援助することであるといえる。

コラム　絵画と心理療法

　心理療法と絵画はあまり関係がなさそうに思う人もおられるかもしれないが，意外に深いつながりがある。心理療法においては，クライエントの語りや話すこと，セラピストにとっては聴くといった言語的なやりとりが大事であることはこれまで述べてきた通りであるが，一方，箱庭療法や絵画などの非言語的なアプローチも自ずと心理療法の射程に入ってくる。余談ながら，心理検査のロールシャッハ・テストは，10枚のインクのしみの図版が「何に見えるのか」を問い，多様な反応を喚起させるのだが，バラエティに富んだものに見えるという絵がロールシャッハ図形であり，一種の絵画作品とも考えられる。

　筆者がよく用いる描画法は，バウムテストや風景構成法，交互ぐるぐる描き物語統合法などであるが，心理検査としての側面をもち合わせながらも，クライエントとのコミュニケーションツールとして，クライエントとの関係の窓として活用しているところが大きい。描画法のよさは，クライエントが描いた絵に正解や間違いがないことである。しかし，導入時に「上手く描けないのですが」と描画をするにあたって不安な言葉を表出する場合もあるために「上手い下手は関係がないこと」を伝えつつ，無理強いしないよう，自然な形で描画に導入することを心がけておきたい。

　図3.4はある女児のバウムテストの変遷である。年齢を重ねるにあたり，発達的な変化を遂げている様子が見てとれる。特に就学前の5歳6ヶ月と就学後の9歳の幹の先端部分の処理の仕方に大きな変化があり，直角だった幹の先端部分が枝へと分化していく様が興味深い。同時に，幹の先端部分の複雑さと相まって，

5歳6ヶ月　　　　　9歳　　　　　　10歳　　　　　11歳

図3.4　ある女児のバウムテストの変遷

根と大地との関わりが深くなっており，豊かな木々であることが印象的である。

　最後に，風景構成法を考案した中井久夫によると，絵画療法の特徴は，『まさに何かを「語る」のではなく「示す」ものである。奇妙なことに芸術療法はただ「示す」だけでなく，「語る」ことを助けるようだ』（中井，2003）と言及するように，クライエント一人ひとりの表現は，セラピストにとってクライエントを再発見することになり，生き生きとした関心をもち続けるためのフックとなる。たかが絵一枚ではない。描画には，その人のすべてが包含されているともいえる。まずは目の前の絵と語らうことからはじめるとしよう。

引用文献

藤山直樹・伊藤絵美，認知行動療法と精神分析が出会ったら，岩崎学術出版社，pp.11-13，2016．

C. G. ユング著，小川捷乃訳，分析心理学，みすず書房，pp.113-146，1976．

河合隼雄，風景構成法について，山中康裕編中井久夫著作集別巻1　風景構成法，岩崎学術出版社，pp.245-260，1984

河合隼雄，心理療法序説，岩波書店，pp.2-28，1992．

川嵜克哲，風景構成法の文法と解釈，福村出版，pp.5-18，2018．

久米禎子，箱庭の「ぴったり感」について：「ズレ」と「揺らぎ」の視点を加えて，箱庭療法学研究，28（1），19-32，2015．

中井久夫，芸術療法の有益性と要注意点，山中康裕編，表現療法，ミネルヴァ書房，pp.191-201，2003．

高石浩一，母親面接をめぐる覚え書き，京都文教大学臨床心理学部研究報告，2，pp13-23，2009．

高橋未央，子どもの病院の現場における「遊び」，弘中正美編，心理臨床における遊び―その意味と活用，遠見書房，pp.166-173，2016．

第4章 保健医療分野での心理的アセスメントと心理検査

4.1節 心理的アセスメントとは

　「心で見なくちゃ，ものごとはよく見えないってことさ。かんじんなことは，目に見えないんだよ」。フランスの作家サン＝テグジュペリ作「星の王子さま」(1943) の有名な一節からはじめたい。ここでいう「心」とは，患者やクライエントを見る主体としての医療者に欠かせないもので，また同時に物理的には手で触れられない，客体としての「かんじんなこと」でもあろう。「かんじんなこと」のなかみには，病を抱えて生きる苦しさ，疾患そのものの痛み，進学や就職といった選択，家族の暮らしに及ぼす影響，そしてそれらをどのように感じ，どのように意味づけるかが含まれる。

　心は目に見えない。だからこそ対人支援職には広く，他者の気持ちを考える想像力と心を理解する方法が必要になる。本章ではその基本的な考え方を概説し，保健医療分野での心理検査とその実際について検討したい。

A. 心理的アセスメントの定義と公認心理師法

　コーチン (1980) によると，臨床的な心理的アセスメント (psychological assessment) は「有効な諸決定を下す際に必要な，患者についての理解を臨床家が獲得していく過程」と定義される。心理的な支援はさまざまな判断の連続で，例えば「このクライエントには医療が必要だろうか？」「医療機関への来談情報提供書を作成することになった。クライエントの主訴と経過をどのように記載すれば受診が円滑にすすむだろうか？」「診断の補助となる情報を主治医より期待されている。どの心理検査を実施すればよいのだろうか？」「自閉スペクトラム症と診断されたA君の学びを応援するには特別支援学級の活用が考えられるが，両親は普通学級のままでいいという意向をもっている。スクールカウンセラーとして個別式知能検査から得られた理解をいかにフィードバックすればよいのだろうか？」といった問いが現場

では絶えず生まれてくる。

　こういった一つひとつの判断の過程こそが心理的アセスメントで，より適切でクライエントの助けとなるような理解を獲得するために，面接，観察，検査という3つの方法が用いられる。公認心理師法（2017年）では「心理に関する支援を要する者の心理状態を観察し，その結果を分析すること」（第2条1）とされる部分で，本人や関係者の「心理に関する相談に応じ，助言，指導その他の援助を行うこと」（第2条2と3）の基盤となる。公認心理師は保健医療，福祉，教育，司法，産業の5分野ではたらくことが想定されており，分野を問わず心理的アセスメントの基本と考えてよい。

B. フォーマルなアセスメントとインフォーマルなアセスメント

　先のコーチン（1980）は「フォーマルなアセスメント」と「インフォーマルなアセスメント」という分類を提唱している。前者は「臨床的過程のいろいろな段階に対応した，特別にデザインされた面接や，テストや，観察など」が含まれ，信頼性や妥当性が確認された客観的で手続きが明確なタイプのアセスメントである。一方，後者での「臨床家は，それほど意図的にではなく，自分の患者の特質に気を配ったり，注目したり，判定したりしている」とされ，例えば待合室のソファでの座り方やそこから読みとれる家族関係への理解なども含まれる。母親と父親が子どもをはさんで心配した表情で座っているのか，それとも子ども一人が少し離れた場所でスマートフォンをさわり，それを苦々しい表情で両親が見ているのかでは，印象もまったく異なるであろう。

　この両者は相補的で，前者が優位になりすぎるとクライエント本人ではなく検査結果の数値ばかりが気になってしまい，後者が優位になりすぎると心理職（公認心理師，臨床心理士など）の思い込みによる偏った判断がなされてしまう。だからこそ「フォーマルなアセスメント」から得られた情報を血の通ったものにするための「インフォーマルなアセスメント」，あるいは反対に心理職の直感的な印象を裏付けるための客観的なデータ（evidence）が大切になる。先の待合室の例では，親子関係診断尺度に回答してもらう，あるいは親と子どもそれぞれにエゴグラムを実施し交流分析（transactional analysis）につなげるといった心理検査の活用も考えられるだろう（そうすることで建前と本音を使い分ける，親の言行不一致に振り回される子どもの姿が見えてくるかもしれない）。臨床的な心理的アセスメントは，この両者を行き戻りしながら進むことを強調したい。

コラム　心で心を思うこと―メンタライジング―

　心理，医療，看護，福祉，教育などの対人支援職には，相手の気持ちを考える想像力が必要とされる。「患者の身になる」とはよく言われるが，臨床心理学の観点からはどのように捉えられるのであろうか？

　こういった想像力を養うためには，自分と他者のこころの動きや精神状態を知ろうとすることが欠かせない。ハンガリー生まれの臨床心理学者であるフォナギーらはメンタライジングの理論を提唱し，「心で心を思うこと（having one's mind in mind）」「自分自身をその外側から眺め，他者をその内側から見つめること」などであると説明した（アレンら，2014）。人間性心理学のロジャーズによる共感的理解，つまりクライエントの私的な心の世界をあたかも自分自身のものであるかのように感じとる理解のあり方と重なるところも多く，心理的アセスメントに必要な態度の1つである。

　赤ちゃんが泣いているとき，養育者は「お腹がすいているのかな？　暑いのかな？　オムツが濡れてイヤなのかな？」と自分の心を使って，まだ言葉を話さない赤ちゃんの心を自然に想像する。不登校の子どもたちは「なんで学校に行けないの？」と尋ねられると沈黙するが，心の中ではさまざまなことを感じており，それが言葉となって出てくるのを待っている。慢性疼痛を抱えた患者は「病院ではストレスが関係していると言われたけれど，自分では何がストレスかよくわからない。原因を知りたい。痛みを取ってほしい」と複数の病院への通院を繰り返した後に，ようやく過去のトラウマが影響していたことに気づく。このように，心の中の「かんじんなこと」にふれるのはなかなかたいへんなことでもある。だからこそ発達，教育，医療の現場で繊細な心の動きがこぼれ落ちそうになった時には，それを丁寧に受けとめながら理解するような対応を心がけたい。

保健医療分野での心理的アセスメントでは，疾患や障害を抱えた患者・利用者とその関係者がクライエントとなる。さらにチーム医療という言葉が示すように，医師による診断と治療，看護師による心身のケア，理学療法士と作業療法士によるリハビリテーションなど，医療に携わる専門職との連携が重要である。

A. ライフサイクルと心理的テーマ

医療領域では精神科病院，精神科診療所，総合病院などが心理職の勤務先となり，部署としては精神科，児童精神科，心療内科，内科，小児科，リハビリテーション科，緩和ケア，感染症・HIV関連，認知症疾患医療センター，周産期母子医療センターなど多岐にわたる。また院内の心理相談部門に所属し，そこからリエゾンやコンサルテーションで各診療科に関わることもある。保健領域では保健所・保健センター，精神保健福祉センターなどで，手帳申請に係る心理判定や相談業務に携わっている。このように保健医療分野といっても勤務先は幅広く，それぞれの現場に合わせた心理的アセスメントが求められる。そのためには疾患や障害に関する医学的知識と，患者・利用者のライフサイクルへの理解が欠かせない。

図4.1に「公認心理師の活動状況等に関する調査」（一般社団法人日本公認心理師協会，2021）からの提言として，ライフサイクル各時期での心理的支援のテーマがあげられている。保健医療分野をみると，周産期支援，乳幼児健診，小児疾患支援から慢性身体疾患者支援，精神疾患者支援，看取り・ターミナルケア，遺族ケアまで，ひとの一生を通した関わりが想定されているとわかる。同報告書は公認心理師の心理支援への利用しやすさ（アクセスビリティ）を高める環境作りが重要であると述べており，今後，保健医療分野の心理的アセスメントから得られた理解が，他の分野でも活用される場面が増えてくるのではないかと思われる。

例えば小学校では近年，ADHDや自閉スペクトラム症の子どもの発達支援の「サポートファイル」が用いられており，その中にはすでに地域の児童

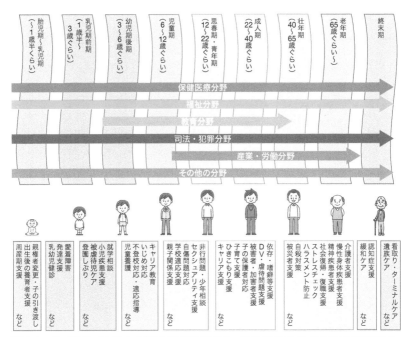

図4.1　ライフサイクルと公認心理師の支援（一般社団法人日本公認心理師協会，2021）

精神科で実施された心理検査の結果が「関係機関からの情報」として挟まれていることも多い。そうすると，そこに記述された子どもの認知的特性や強みをもとに，小学校でより個別的な特別支援を組み立てることが可能になる。またそのためには，単にIQ等の数値を羅列するのではなく，それが子どもの生活にどのように影響しているのか，さらにこころの発達を促すにはどのような手立てが考えられるか，検査から得られた情報を血の通ったものにした報告書を書くことが，保健医療分野の心理職には求められる。

　心理職は複数の分野にまたがってキャリアを重ねることも多い。ある時期は総合病院で，またある時期はスクールカウンセリングや警察少年サポートセンターで，といったかたちで臨床実践を続けることも一般的である。そういった時に，保健医療分野での経験は「疾患や障害の観点を踏まえて対象者のこころを理解する」ために役に立つと思われる。

チーム医療では，疾患と障害について共通言語を用いて患者や利用者の心身状態を理解していく。そのモデルをいくつか提示したい。

i）生物－心理－社会モデル

生物－心理－社会モデル（bio-psycho-social model; Engel, 1977）は，精神疾患の発症を単一の要因から説明するのではなく，複数の要因の組み合わせから考えるモデルである（**図4.2**）。例えば感染症では，ウィルスなど病原体の外部からの侵入が発症の原因となる。しかしながら精神疾患はそのような単一の要因のみでは説明が難しく，生物的（bio），心理的（psycho），社会的（social）という3要因から多角的に捉えた方が治療にも役立つことがわかってきた。生物的要因には，細胞，遺伝，脳，身体など医学的検査（抗体検査，生理機能検査，画像診断）や診察で明らかになるもの，心理的要因にはストレス，認知，感情など心理検査や心理面接でアセスメントするもの，そして社会的要因にはソーシャルサポート，家族，文化，経済など患者をとりまく社会・環境への調査が含まれる。

一例として，気分障害の「抑うつ」を考えてみたい。抑うつの主症状は持

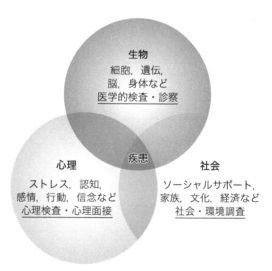

図4.2　生物－心理－社会モデル（Engel, 1977）

続的な気分の落ち込み，悲しさ，興味や楽しさの喪失であるが，身体症状として食欲減退や睡眠の乱れを伴うことも多い。脳内の神経伝達物質であるセロトニンのはたらきが低下することが知られており，これらは抑うつの生物的要因といえる。きっかけとしては，たとえば離別・死別など愛する対象との別れや仕事でのストレスなどが認められ，同時にそれらを本人がどのように認知し，感情を受けとめるのかという心理的要因も影響を与える。心理的アセスメントでは，抑うつの重篤度やその性質が症状評価尺度や半構造化された面接により評価される。落ち込んだ気持ちを慰める家族はいるのか，休職は可能か，安心して療養できるよう経済援助制度は活用できるのか，などの社会的要因も予後を左右する。

　このように，複合的な要因を想定した疾患の理解がチーム医療には欠かせない。そのうえで例えば精神科医療チームであれば，リーダーとして診断，薬物療法，入退院の判断を行う医師（精神保健指定医），心理検査や心理面接を通してこころの症状の定量的／定性的なアセスメントやパーソナリティの理解を進める心理職，そして福祉制度やグループホームを活用して生活を支えるソーシャルワーカー（精神保健福祉士/社会福祉士）などがひとりの患者に関わっていく。

ii）DSM と ICD

　DSM（Diagnostic and Statistical Manual of Mental Disorders）はアメリカ精神医学会による「精神障害の診断と統計マニュアル」である。2013年に第5版のDSM-5が出版され，現在そのテキスト改訂版のDSM-5-TRが使われている。もともとは精神医学的診断の不一致を低減させるための研究用マニュアルとして開発されたが，その後，広く臨床でも用いられるようになった。**表4.1**はそのカテゴリーを列挙し，診断（例）とともに提示したものである。精神疾患や発達障害の診断基準が明示され，医師の診断を共有するための共通言語となっている。また心理職からすると，これらの診断を念頭に置いて面接や心理検査を進めることで，チーム医療に必要な情報や見立てをわかりやすく伝えることにもつながる。

　もう1つ，ICD（International Statistical Classification of Dis-

表4.1　DSM-5のカテゴリーと診断(例)

カテゴリー	診断(例)
Ⅰ. 神経発達症群/神経発達障害群	知的発達症, 自閉スペクトラム症
Ⅱ. 統合失調症スペクトラム障害および他の精神病性障害群	統合失調症, 統合失調感情障害, 妄想性障害
Ⅲ. 双極性障害および関連障害群	双極Ⅰ型障害, 気分循環性障害
Ⅳ. 抑うつ症群	大うつ病性障害, 気分変調症
Ⅴ. 不安症群/不安障害群	分離不安症, 社交不安症, パニック症
Ⅵ. 強迫症および関連症群/強迫性障害および関連障害群	強迫症, 醜形恐怖症, 抜毛症
Ⅶ. 心的外傷およびストレス因関連障害群	PTSD, 適応障害, 反応性アタッチメント障害
Ⅷ. 解離症群/解離性障害群	解離性同一症, 解離性健忘
Ⅸ. 身体症状症および関連症群	身体症状症, 病気不安症, 作為症
Ⅹ. 食行動障害および摂食障害群	神経性やせ症, 過食性障害, 異食症
Ⅺ. 排泄症群	遺尿症, 遺糞症
Ⅻ. 睡眠-覚醒障害群	不眠障害, 過眠障害, ナルコレプシー
ⅩⅢ. 性機能不全群	勃起障害, 女性オルガズム障害
ⅩⅣ. 性別違和	小児の性別違和, 青年および成人の性別違和
ⅩⅤ. 秩序破壊的・衝動制御・素行症群	反抗挑発症, 素行症, 放火症, 窃盗症
ⅩⅥ. 物質関連障害および嗜癖性障害群	アルコール使用障害, 大麻使用障害
ⅩⅦ. 神経認知障害群	せん妄, 認知症, 軽度認知障害
ⅩⅧ. パーソナリティ障害群	境界性パーソナリティ障害, 回避性パーソナリティ障害
ⅩⅨ. パラフィリア障害群	窃視障害, 小児性愛障害, フェティシズム障害

eases and Related Health Problems) はWHO(世界保健機関)による「疾病及び関連保健問題の国際統計分類」である。2019年にICD-11がWHOの総会で承認され, 2022年より発効された。ICDには身体疾患と精神疾患の両方が含まれており, 日本の行政統計ではこちらが用いられることが多い。WHOは関連してICF(International Classification of Functioning, Disability and Health:国際生活機能分類)を提唱し, こちらは身体障害や精神障害の福祉のリファレンスとなっている。「障害が

あるから何々ができない」ではなく，「さまざまな生活上の工夫を重ねて社会参加を増やしていけば，障害や疾患そのものの改善が期待できる」というICFのパラダイムは，理学療法や作業療法によるリハビリテーションのみならず，心理療法にも応用できると思われる。そのためにも心理的アセスメントを通して，患者やクライエントの強みに光をあてるようにしたい。

4.3節　心理検査の基礎

A. 心理検査とは

　保健医療分野の心理職にとって，心理検査は主な業務の1つである。心理検査を使うことで，①さまざまな尺度や課題を用いて心のはたらきを客観的な数値として見える化できる，②そのため支援者側の恣意的な思い込みを修正できる，③実施法やマニュアルが整備されている，④信頼性や妥当性の検証がなされている，⑤ある特定の集団（健康な成人，外来でうつ病と診断された患者など）のnorm（基準値）が示されており，それと比較した個人の位置づけを知ることができる，⑥結果のフィードバックにより自己理解が促される。一方で，①あくまでもその検査で測ろうとしているものしか測ることができない，②患者やクライエントの不安を喚起することがあり，実施前には丁寧な説明と動機づけが必要である，③検査によっては時間と労力がかかり受検者の負担となるといった点には，配慮が必要である。

　心理検査から得られたデータを，フィッシャー（1985/1994）は「写真のスナップショット」に喩えている。つまりある特定の検査という方法を使って切り出された患者の一面を写し出しているが，あくまでもそれはある時点での姿であって，対象となる人間そのものを理解するためには心理検査が行われた前後の文脈や面接／観察から得られた情報と合わせて総合的に見る必要がある。あるいは複数の心理検査を組み合わせ（テスト・バッテリー），それぞれの検査の限界を補いながら多角的に個人の心理を浮かび上がらせていくことが臨床では大切であろう。

B. 心理検査の種類

　心理検査の種類と例をまとめたものが**表4.2**である。保健医療分野でよく用いられるウェクスラー式知能検査とMMPIについては，次項で取り上げたい。

　知能検査の歴史は古く，1905年にフランスで義務教育が法制化されたのを機に，心理学者のビネーと医師のシモンが「ビネー・シモン式知能検査」を開発したのが最初であった。ドイツのシュテルンの着想をもとにアメリカのターマンが標準化を行い，課題への正誤の結果として算出される精神年齢（mental age）と，実際にその子どもが生きてきた生活年齢（chronologi-

表4.2　心理検査の種類と例

種類	説明	心理検査（例）
知能検査	知的機能を測定する。IQやIQに関連した指標で結果を示す。多くは課題を解く形式で，対象者のパフォーマンスを見る	WAIS-IV，WISC-V，田中ビネーV，KABC-II，ITPA
発達検査	子どもの発達を把握する。月齢や年齢を物差しとして，運動，言語，コミュニケーションなど把握し発達の見通しを立てる	遠城寺式乳幼児分析的発達検査，新版K式発達検査
神経心理学的検査	失語，失行，失認，記憶の障害など神経心理学的な症状を対象とする検査。高次脳機能障害のアセスメントで用いられる（認知症のスクリーニングで用いられる簡便な検査）	ベンダーゲシュタルト検査，WCST，Rey-O複雑図形（HDS-R，MMSE，COGNISTAT）
質問紙法	質問項目への「はい/いいえ」や当てはまる程度を答える。態度，意思，感情状態，パーソナリティなどを測定する	MMPI，YG性格検査，POMS-2，IES-R，BDI-II
投映法	曖昧な刺激を与えられた際に生じる多様な反応を検討する。描画，対人場面のイラスト，インクブロットなどが用いられる	バウムテスト，PFスタディ，ロールシャッハ法
作業検査法	一定の作業（単純な加算など）をすることで，作業経過や行動を見る。性格や取り組み方をアセスメントする	内田クレペリン精神検査

cal age）の比率でIQ（Intelligence Quotient：知能指数）を算出でき
るようになった。暗算ができる，集中力がある，作業が早い，感覚が鋭いと
いった単一の能力ではなく，子どもの日常で活用できる総合的な能力を測定
している。現在は田中ビネー知能検査Vが用いられている。K-ABC2では，
子どもがはじめて解くタイプの問題によって測定される認知能力と，すでに
学校で習っているタイプの問題による習得度のバランスを見ることができる。
ITPAは言語性の学習障害のアセスメントに有用である。

　遠城寺式をはじめ発達検査は，子どもの認知能力に留まらず幅広く運動や
コミュニケーションの視点からも成長の歩みを捉えようとするものである。
新版K式発達検査は子どもが親しみやすい検査用具を揃えており，自然な観
察が行いやすい。「姿勢・運動」「認知・適応」「言語・社会」の3領域で評
価される。

　神経心理学的検査は失語，失行，失認，記憶障害といった高次脳機能障害
のアセスメントやリハビリテーションで用いられる。ベンダーゲシュタルト
検査では幾何図形の模写課題，WCST（Wisconsin Card Sorting Test：
ウイスコンシンカード分類テスト）では注意の転換やルール変更への柔軟性
を見るために，カードの並び替えが行われる。次頁の**図4.3**はRey-Oster-
riethの複雑図形で，模写，直後再生，遅延再生といった課題で用いられ，
行動観察では対処方略の効率性を見ることができる。

　超高齢社会の到来にともない，簡便な認知機能評価スケールの使用頻度は
ますます高くなってきている。HDS-R（Hasegawa Dementia Rating
Scale-Revised：改訂長谷川式簡易知能評価スケール）は加齢や教育年数
の影響を受けにくい認知症スクリーニング検査で，およそ5分から10分で
実施できる。患者はもの忘れで不安になっていることも多いので，いきなり
出題するのではなく世間話をしながら信頼関係を作り，それから「お年はい
くつですか？」「今日は何年の何月何日ですか？」と自然な流れで検査を進
めていく。MMSE（Mini Mental State Examination：ミニメンタルス
テート検査）には，書字や描画といった動作性課題が含まれている。知能検
査・神経心理学的検査などパフォーマンスが問われる心理検査では，患者の
能力を正しく引き出すためにも，安心・集中して回答できる環境を整えたい。

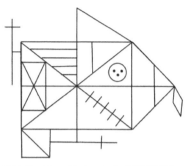

図4.3　Rey-Osterriethの複雑図形

　質問紙法はPaper and Pencil法とも呼ばれ，さまざまな質問項目に「はい／いいえ」や当てはまる程度を答えていく。YG性格検査はパーソナリティの類型と特性を把握し，産業分野では適材適所の人材配置を考える補助資料となる。質問紙法は症状評価でもよく使われており，IES-Rはトラウマが日常生活に及ぼす影響を調べる，つまりPTSDのスクリーニングを目的に開発された。BDI-Ⅱはベックの認知療法理論に基づき作成された抑うつの症状評価尺度で，患者の変化を鋭敏に捉えることから治療効果の判定や治験でも用いられる。近年はデジタルデバイスやウェブ上での実施法も拡がりつつある。

　投映法の特徴は，曖昧な刺激のもとに生じる多様な反応を分析するところにある。バウムテストでは「一本の木を描いてください（実のなる木の場合もある）」，PFスタディでは対人フラストレーション場面で「右側の人がどう答えると思うか（漫画の吹き出しの中に言葉を）書いてください」，ロールシャッハ法では「（インクブロットのカードが）何に見えるか教えてください」と教示する。例えば幼少期に，画用紙の半面に絵具を適当に垂らして真ん中で折り，拡げてできたほぼ左右対称の図形を「何が見えるかな？」と見立てて遊んだことはないだろうか？　フランク（1939）によると，人間はそのように曖昧な刺激や状況を与えられるとそこに何らかの意味を見出そうとして，もともと心の内側にあった欲求や動機，感情，そして現実への関わり方を投映する。投映法はこういった仕組みを心理検査に応用したものである。

作業検査法はある一定の作業をしてもらい，そこでの行動や経過を分析して練習，疲労，学習，緊張などの影響を見るものである。内田クレペリンはその代表で，連続的な加算課題の結果が作業曲線として表示される。

医療分野で心理検査を実施した際は，診療報酬点数表では「D-283. 発達及び知能検査」「D-284. 性格（人格）検査」「D-285. 認知機能検査その他の心理検査」に分類され，操作の複雑さにより80点/280点/450点が請求できる。

C. ウェクスラー式知能検査（WAIS-Ⅳ/WISC-Ⅴなど）

1939年のウェクスラー・ベルビュー知能検査に端を発する，代表的な個別式知能検査である。ウェクスラーはルーマニア生まれの心理学者で，ニューヨークのベルビュー病院でこの検査を開発した。精神疾患や高次脳機能障害における病前からの機能低下など，医療に必要な情報を集め診断や治療に役立てる目的であった。

現在まで改訂が加えられ，日本版としては成人用のWAIS-Ⅳ（16歳0ヶ月～90歳11ヶ月），児童用のWISC-Ⅴ（5歳0ヶ月～16歳11ヶ月），幼児用のWPPSI-Ⅲ（2歳6ヶ月～7歳3ヶ月），そして記憶検査としてWMS-R（16歳～74歳）が用いられている。

図4.4は日本版WAIS-Ⅳの構成を示したものである。ビネー式知能検査が精神年齢をもとにIQを算出するのとは異なり，一定の範囲の年齢集団毎に標準化された換算表を用いて各指標を算出する。FSIQ（Full Scale IQ）に加え，VCI（言語理解），PRI（知覚推理），WMI（ワーキングメモリ），PSI（処理速度）の4因子が主な指標で，いずれも平均100，標準偏差15である。例えばVCIは「類似」「単語」「知識」「理解」といった下位検査から構成されており，さまざまな課題を通して認知的な能力をアセスメントする。ある集団の中での個人の位置づけや順位だけではなく，より細やかにその個人の中にある強みと弱み（個人内差）を把握できることが特徴である。

WISC-Ⅴでは従来の4因子モデルが5因子モデルへと発展したが，一連のウェクスラー式知能検査は基本的には同じ仕組みとなっている。各指標が信頼区間とともに表示されることにも留意したい。

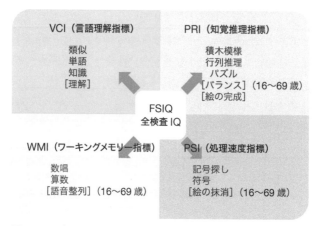

図4.4　日本版WAIS-Ⅳの構成
※［　］内は補助検査。
出典：Wechsler. D.（2018）。日本版WAIS-Ⅳ知能検査　実施・採点マニュアル。日本文化科学社。p.3の図1.1より日本文化科学社の許可を得て改変転載。Copyright © 2018 NCS Pearson, Inc.

　医療分野では，診断の補助として用いられることも多い。例えば成人用のWAIS-Ⅳは統合失調症や双極性障害といった精神疾患／精神障害，児童用のWISC-Ⅴは自閉スペクトラム症やADHDなどの発達障害，記憶検査のWMS-Rは鑑別が難しいタイプの認知症が対象となる。行動観察からの情報も含め，治療や支援につなげられるような資料を提示する。

　解釈では各検査のマニュアルなど成書を参照する。**表4.3**は臨床への適用やフィードバック面接のために，各指標の意味をわかりやすく提示したものである。解釈では，因子分析に基づくCHC（Cattell-Horn-Carroll）理論など複数の知能モデルを参照することで，より具体的な支援のアイデアを得ることもできる。

D. MMPI

　MMPI（Minnesota Multiphasic Personality Inventory：ミネソタ多面人格目録）は，1943年にミネソタ大学病院の心理学者ハサウェイと精神科医マッキンリーが開発した質問紙法である。妥当性尺度と臨床尺度から構成され，その質問項目は経験的に作成された文章が患者群と悲患者群を

表4.3　ウェクスラー式知能検査の各指標の意味

FSIQ	総合的な知的発達水準の指標。①VCI, PRIなど各指標得点の差, ②下位検査評価点のばらつきを考慮。新しい環境や変化への適応のしやすさ。世界の複雑さに対処する基礎力
VCI	言語的な知識と学習の蓄積。慣習や常識の理解, 言葉による端的な説明力などを反映する。FSIQが低くてもVCIが相対的に高い場合, 社会的コミュニケーションに活かすことができる
PRI	非言語的な情報処理や思考。世界を目で見て捉える力。都会の駅の構内図などのパターン認識, 全体と部分の関係の把握など。論理的な思考や判断を反映する。教室での板書力と対応。WISC-VではVSIとFRIに分かれ, 前者は視覚的空間処理, 後者は抽象的な概念推理をより強調している。
WMI	聴覚的な注意と集中。耳を澄ませて聞く力。デジタルデバイスのメモリと同じく一度に扱える情報の総量で, 意識的な保持を必要とする。WMIが少ないと, 感情的な動揺や不安の影響を受けやすい
PSI	単純作業をどれだけ正確に早くこなせるか, 作業量の目安。短時間の気合いとアウトプットや, 視覚と運動の協応を見ることができる。注意が拡散するとPSIは低下しやすい

統計的に有意に弁別できるかという基準で選択された。オリジナルの基本尺度のほかに, さまざまな追加尺度が開発されている。

　日本版として2022年にMMPI-3が公刊された。項目数が前版の550項目から335項目へ減少し, 実施時の負担が軽くなった。DSM-5のパーソナリティ障害にも対応し, 「妥当性尺度」「高次尺度」「再構成臨床尺度」「特定領域の問題尺度」「パーソナリティ精神病理尺度」に編成し直された。「妥当性尺度」では回答態度を把握でき, 例えば「助けを求めて叫んでいる（screaming for help）」プロフィールが認められた場合, その叫びに支持的かつ指示的な危機介入を行うことで, 患者との信頼関係が促進される。「再構成臨床尺度」は従来の臨床尺度の発展で, 尺度名がRCd/RC1/RC2といった名称に変更されている。

　MMPIは精神医学的診断の補助を目的に開発されたが, パーソナリティ尺度としてもより洗練されてきている。フィードバック面接では, フィン（2007）のマニュアルを参照したい。

コラム 治療的アセスメントと「アセスメントの問い」

　医療系学部では授業で検査を実際に体験してみることも多い。心理検査もその1つで，パーソナリティ検査や症状評価尺度への回答を通して，時にそれまであまり意識していなかった自分自身の一面に触れることがある。

　テキサス州オースティンのフィン（2007）が開発した治療的アセスメント（therapeutic assessment）は「クライエントが自分自身についてより深く理解し，抱えている根深い問題の解決を支援するために心理的アセスメントを活用する」新しいパラダイムであり，かつ実践方法である。初回面接は「自分について何か知りたいことはありますか？」という問いかけからはじまり，そのアセスメントの問いに合わせて実施する心理検査を組み合わせていく。

　もし演習や実習で心理検査を受けることがあったら，その結果を分析する際にアセスメントの問いを立てて「自分の生活と重なるところはどこだろうか？」と考えてみるといいかもしれない。長所も含め自己理解が進むと，患者やクライエントへの共感的理解も深まるのではないだろうか。

引用文献

Engel, G. L., The need for a new medical model: A challenge for biomedical, *Science*, 196, 129-136, 1977.

Fischer, C. T., Individualizing psychological assessment, Brooks/Cole, 1985.

Frank, L. K., Projective methods for the study of personality. *Journal of personality assessment*, 8, 389-413, 1939.

一般社団法人日本公認心理師協会, 厚生労働省令和2年度障害者総合福祉推進事業公認心理師の活動状況等に関する調査, 2021.

J. G. アレン, P. フォナギー, A. W. ベイトマン著, 狩野力八郎監修, 上地雄一郎他訳, メンタライジングの理論と臨床, 北大路書房, 2014.

S. E. フィン著, 田澤安弘他訳, MMPIで学ぶ心理査定フィードバック面接マニュアル, 金剛出版, 2007.

S. J. コーチン著, 村瀬孝雄監訳, 現代臨床心理学－クリニックとコミュニティにおける介入の原理－, 弘文堂, 1980.

参考文献

S. E. フィン著, 野田昌道他訳, 治療的アセスメントの理論と実践－クライアントの靴を履いて－, 金剛出版, 2014.

第5章 コミュニティ心理学に基づいた地域心理支援的アプローチ

心理学の知識と技術に基づいて行う地域支援は臨床心理学的地域援助と呼ばれ，それは「地域社会で生活を営んでいる人々の，心の問題の発生予防，心の支援，社会的能力の向上，その人々が生活している心理的・社会的環境の調整，心に関する情報の提供などを行う臨床心理学的行為」と定義されている（山本，2001）。この定義は人の心理（考え方や感情など）や社会（人間関係）を強調しているものの，医療における地域支援に有用な観点を多く含んでいる。

一方，コミュニティ心理学とは，米国の地域精神保健の分野から発展した分野で，個人とコミュニティの関係，コミュニティとコミュニティの関係を多面的に分析し，そこから生活の質（Quality of Life：QOL）を高めるような変化を生み出す方法を模索し，それを実践するという心理学である（ダルトンら，2007）。ここで強調しておきたいのは，コミュニティ心理学が要素同士の関係に注目するという点である。コミュニティ心理学の理論では，その歴史的背景ゆえに個人と個人の関係にあまり言及されない。しかし，実践においては個人と個人の関係は人間理解の基本単位であるので，地域支援では個人とコミュニティ，コミュニティとコミュニティの関係と同様に個人と個人の関係も重視する。

本章では，医療領域での包括的な支援に広く活用できるように臨床心理学的地域援助，コミュニティ心理学の考え方に基づいて地域支援の考え方について解説していく。

5.1節 地域支援の対象

地域支援の対象は"地域社会で生活を営んでいる人々"である。すなわち，患者本人に加えて，関係者として患者の家族，友人，職場や学校の仲間を対象とする。ときには患者の妻とその妻の勤務先との関係を考慮に入れるなど

関係者の関係者まで視野を広げることもある。支援を行う際には，患者の疾患や障害，心理的困難のみを介入のターゲットとするのではなく，それらとともに生きる生活者を相手にしているという視点をもつのがよい。この考え方は，チーム医療やアドバンス・ケア・プランニング（ACP）と共通点が多い。さらには，予防という観点から，疾患や困難を抱えているが専門機関をまだ利用していない人，疾患や困難を抱えていない人を対象とすることもある。

5.2節 ## 地域支援の目的と価値観

　地域支援の目的は，患者やその関係者，さらには地域や社会全体のQOLを向上させることにある。QOLと類似した用語には，ウェルビーイングやウェルネスがあり，身体的・精神的に健康な状態であるとか，幸せな状態であるとか，満足している状態であるとか，さまざまな言い換えができる。しかし，いずれもはっきりしない。結論をいえば，質の高い生活とは，人によってその基準も程度も違っていて1つに決められないもの，すなわち価値観によって異なるものである。

　「質の高い生活とは何か」という問いの答えが人それぞれ違う以上，地域支援の具体的な目的と方法を決めるプロセスにおいては，患者やその関係者の価値観と向き合う手順が不可欠である。この時，医療従事者が自分自身のもっている価値観を自覚することも大切である。この手順をスキップした場合，医療従事者がよかれと思ってした介入や言動が，患者や関係者の価値観から見れば何の効果もなかったとか，逆に害になったということが起こりうるのである。

　地域支援をめぐる価値観と向き合う作業は4つのステップで行う。

① 自分自身の価値観を自覚する

　はじめに，私たち人間がそれぞれ唯一無二の価値観をもっていることを自覚することが有益である。この自覚は，人は自分の価値観から自由になることはできないという原則を意識することと，自分が具体的にどのような価値

観をもっているかを振り返ることの2つのプロセスからなる。なお，価値観とは，何かを決めたり選んだりする際に大切にする事柄や優先する事柄である。

　地域支援を行うにあたって，医療従事者が自分の具体的な価値観を振り返るための最初の問いは「地域社会で生活を営んでいる人々にとってよい生活とは何か」である。ただ，最初から地域支援の対象となるあらゆる人にとってのよい生活を考えることは難しい。そのため，まずは具体的な患者個人を思い浮かべて「この患者Ａにとってよい生活とは何か」について，どうなるとよいと思うのかをなるべく多くリストアップしていくのがよい。その後，「Ａ夫婦にとってよい生活とは」，「Ａとその友人にとってよい生活とは」と問いの範囲を徐々に広げていくのが現実的である。この時，以下の点に気をつけると，後から役に立つリストになりやすい。

(1) 具体的な行動やセリフの含まれている項目を含める。例えば，「バッチリ化粧をする」，「家族と温泉に行く」，「娘に手紙を書く」，「依存症専門の○○病院で治療を受ける」，「治療しながら仕事を続ける」など。

(2) このリストの内容が誰かから支持されたり，批判されたりすることを考慮せず，また実現できる可能性があるかないかも考慮せず，思いつくことをなるべく多く挙げる。例えば「日本酒を毎日飲むことができる」，「寝ている時と食べている時以外ずっとネットゲームをしている」，「いろんな地方の廃墟になったホテルを探検する」（これらは，医療上禁忌であったり，法律違反であったりするかもしれないが，実際に実行するわけではない）。

　次の問いは「支援の対象者とどのように関わりたいか」である。これも具体的な相手を想定して「患者Ａとどのように関わりたいか」から「患者Ａの夫婦とどのようにかかわりたいか」と広げていくとよい。この問いは自分の価値観を直接明らかにするものではないが，価値観は行動の選択や希望・期待といった形で表出されやすいので，この問いが自分の価値観を知るヒントになる。かつ，具体的に自分と患者との関係のあり方や今後の発展の方向性のヒントにもなる。なお，この問いの答えもあくまで主観的な気持ちであ

るので，リストの内容が誰かに支持されたり批判されたりすることを考慮する必要はない。すべての人間には内面の自由が保障されている。

　ある程度リストができたら，2つのリストについて「医療従事者としての自分」と「私的な自分」という2つの立場から眺める。その際，それぞれの自分の立場からリストに項目を加えてもよい。「医療従事者としての自分」とは，職務上の立場や専門性が反映された視点で，公認心理師からみて…とか，看護師としては…，というセリフを加えてみて違和感の少ない項目が「医療従事者としての自分」の価値観を反映している。一方，「私的な自分」とは，仕事としてではなく個人的にどう感じるかを反映した視点である。○○（自分の名前）からみて…とか，人間として私は…という表現を加えて違和感の少ない項目が「私的な自分」の価値観を反映した項目である。最も私的な経験は，その患者と「あまり関わりたくない」とか「親密になりたい」という接近－回避に関する率直な感覚と，その患者と関わることが心地よいか否かという快－不快に関する率直な感覚である。

　これらの一連の作業をしてみると，自分がどんな姿勢で仕事をしていたり特定の患者に接していたりするのか，そこで何を経験しているのかということが明確になる。また，教育訓練や臨床経験から身についた専門性に依拠した自分と，私的な感覚の部分をある程度分けて捉えることができる。地域支援では，生活者としての患者を対象とするため，関わる医療従事者も生活者としての自分から完全に独立して支援に従事することはできない。そして生活者としての自分とは，医療従事者としての自分（仕事上の自分）と私的な自分の複合体であるので，その両方を自覚しておくのが有効である。

　付け加えれば，対人援助職において専門性に徹するということは，私的な自分をなきものにしたり見ないようにしたりしながら関わるということではない。むしろ，私的な自分についてなるべく多くのことを自覚し，その影響を考慮して効果的に使いながら専門家としてふるまっていくのが理想である。専門的訓練を続けていくにつれて私的な自分を見失って，温かさのある対応を失っていくというケースもあるので，読者の皆さんは，ぜひ私的な自分を大切にし続けていただきたい。最後に，自覚した「医療従事者としての自分」や「私的な自分」をどこで，誰に，どの程度開示するのかは，相手との

信頼関係や場面に応じて慎重に検討すべきである。

② 他の医療専門職の価値観を理解する

　この手順は，チーム医療の際に特に重視される。自分一人でチームを構成する他のメンバーの言動を観察して進めることもできるし，他のメンバーと互いに考えを話し合いながら進めることもできる。まずは一人で観察から，次は誰かと一対一で，最後にカンファレンスや症例検討などチーム全体の打ち合わせで，というように少ない人数からはじめていくのが負担が少なく，安全である。また，他のメンバーの価値観を想像したり話し合いをする際には専門性（医師，看護師，心理職など）からみてどうかという観点のみからリストを作っていくのがよい。メンバー間でお互いの「私的な自分」を扱うのは危険が大きく，その作業の土台として親密で率直な人間関係かそれ専用のセッティングのいずれかが必要である。

　メンバー間で「医療従事者としての自分」の価値観の対話が進むと，それぞれの職種で当たり前になっている暗黙のルールや行動選択の偏りが見えてくる。これは規範や文化と呼ばれる。個人の価値観は，その個人の所属するコミュニティの規範や文化から多大な影響を受ける。そして，規範や文化は，その中にいる人が常に強い影響を受けているのに，そのことに気づくことが極めて難しいという厄介な性質をもっている。例えば，ずっと大阪に住んでいる人は大阪文化の影響を色濃く受けた言動をしていることは疑いようがない。かつ，本人はどの言動が大阪文化の特徴なのかを実感できない。その人が広島へ引っ越してみると，そこでの違和感から広島と大阪の文化の特徴が何となく見えてきて，自分がその影響を受けていることがわかってくるのである。さらに他の文化に触れることで，さまざまな文化があるという多様性への気づきが得られて「誰かにとっての当たり前が，他の誰かにとっては異質である」という前提で人間関係をみることができるようになる。

　このプロセスは，地域支援の場面においても起こる。医療従事者の属している職種，病棟，病院，地域といったコミュニティは，その大小にかかわらずすべてが特有の規範や文化をもっている。また，患者や家族は独自の家族文化，地域文化，職場文化の中で生活している。医療従事者が多職種で話し

合ったり，他機関・他地域の専門家と交流したりすることは，医療現場で関わる人々の多様性に気づく契機となる。地域支援を行ううえでは，多様性の尊重という理念が大変重要であり，その理念にかなった考え方を身につけるためにさまざまな価値観に触れることが役に立つ。

③ 患者や関係者の価値観を理解する

　この手順は，患者や関係者の言動を観察することと，患者や関係者との対話によって進める。患者の価値観を知ろうとするとき，医療機関を受診している患者は，生活者として「患者（病者）としての自分」と「私的な自分」の複合体であり，その両者への接近が課題である。そして医療従事者は，「患者（病者）としての自分」が医療場面において弱い存在となっていることに配慮する必要がある。具体的には，患者は，症状や治療の副作用による身体的な苦痛を抱え，現在の状況も自分のこともよくわからない，現状にどう対処すればいいかの知識も少ないといった情報面で不利な状況にある（この時医療従事者側は豊富な経験と知識をもっていることがこの不利をさらに際立たせる）。また，自分のことを自分で決められない，周りの人（医療従事者）がみんな自信に満ち溢れていて自分だけ自信がないように思う，人に助けてもらって申し訳ないといったネガティブな心理状態に陥りやすい。

　その患者が「患者（病者）として」どんな価値観をもっているか，すなわち何を大切にしたいかという観点には十分に注目しつつ，それ以外の「私的な自分」の部分からの情報も得ておきたいところである。このとき，患者の「私的な自分」には職場，家族，友人関係といったさまざまなコミュニティに属する自分が含まれている。患者の「私的な自分」の価値観を多面的に理解することが地域支援において役に立つ。

　このプロセスにおいては，患者の私的な体験を聞き取るための傾聴技法という非日常的なコミュニケーションスキルが有効である。傾聴技法を用いた対話によって，患者が各コミュニティの中でどんな経験をしているのか，どのコミュニティを重視しているのか，生きがいは何だったかといった「私的な自分」について情報を得ることができる。また，それらが病気でどう変わり，これからどうしたいと思うかといった「患者としての自分」と「私的な

自分」の関係に関する率直な情報を聞き出すこともできる。患者の私的経験についての情報が増えると，後に触れる価値観の共有のプロセスにおいて，より人間味のある支援を思いつきやすくなったり，患者の満足感が高まったりするという効果が期待できる。なお，公認心理師や臨床心理士は傾聴技法の専門的な訓練を受けており，このプロセスで最も活躍を期待される。

④ 価値観を共有する

　自分，チームメンバー，患者や関係者の価値観を理解したら，チーム内で価値観を共有したい。可能ならば価値観を共有する輪の中に患者本人や関係者も含めていきたい。このとき，患者や関係者が他の人に知られたくないと思っている秘密は守る，共有する情報はあらかじめ本人の同意を取るといった守秘義務への配慮が不可欠である。家族にも秘密にしておきたいという情報も少なくないので特に注意したい。みなの価値観を共有する際に留めておくべきは，全員の価値観が一致するのは不自然であるということである。また，価値観は固定されたものではなく，経験によってある人の価値観が変化していくのも自然である。これらのことから，地域支援を行う際には，患者・関係者・医療従事者それぞれの価値観を明示して共有し，複数の価値観の重なり合うところを探っていくという考え方がよい。また，その作業をときどきくり返すことができたならば，関係者の変化に対応した修正をその都度加えることができる。

　くり返しておきたいのは，すべての支援は価値観から独立したものではないということと，価値観の多様性は許容されるべきであるということである。

5.3節 地域支援の広がり

　次に，地域支援をどのように展開していくかについて解説する。価値観を理解するプロセスと同様に，最初から包括的な支援を目指すのではなく，まずは患者と医療従事者の関係の中でできることからはじめ，徐々に範囲を拡大していくのが上手くいきやすい。

　まず，患者と医療従事者の関係を中心として地域支援について考える。例えば，がんに罹患して外来通院している患者の支援において，家族との関係はごく普通に考慮される。さらに，患者が仕事を続けながら治療することを望む場合には，患者本人が働き続けるためにどのような工夫をできるかを検討するだろう。患者の友人関係にも注目し，治療しながらこれまで通り友人とバイク旅行に出かけられるような工夫を編み出せたら，患者の生活はより豊かになるだろう。価値観のところでも述べた通り，生活者としての患者はさまざまな「自分」の側面をもっている。例えば，「治療に取り組む患者」，「中学時代からの友人とバイク旅行を楽しむ自分」，「会社の発展の一翼を担っている営業部長」などである。患者を理解するうえで，患者の人間関係に対応した多様な役割と，その役割からくるニーズに広く目を向けていきたい。

　患者がどのような役割とニーズをもっているのかを理解するとき，まず意識しておくべきことは，人は相手の立場や態度によって表に出す側面を変えるということである。例えば，患者が入院している時，身体と生活のケアをしてくれている病棟看護師が「今日の具合はどうですか？」と尋ねた場合には，患者がバイク旅行の計画があったことを話しはじめる確率は低く，直近の身体症状について話す確率が高い。同じ看護師が「入院する前は休みの日に何かされてたんですか？」と尋ねた場合にはバイク旅行の話が出る可能性が高まる。しかし，看護師は忙しそうだと思ってあまり詳しくは話さないかもしれない。職種によって患者の役割やニーズのどの側面を引き出しやすいかには違いがあり，1人の医療従事者が患者のすべての側面と相対するのは無理がある。そこで，医療従事者側も役割を分けることになる。おおまかに分ければ，身体症状（痛み，倦怠感，呼吸困難感，ADLなど）や精神症状（抑うつ，認知症，せん妄など）は医療，社会的経済的問題（金銭，介護，就労など）は福祉，病気との向き合い方や医療従事者とのコミュニケーションに関する問題などの心理的問題と患者の「私的な自分」の話は心理の領域となる。このような多面的なアセスメントと支援のモデルは，生物－心理－社会モデル（Bio-Psycho-Social model）と呼ばれる。このモデルは図5.1左のように表現されることが多いが，心理的問題の中には症状に対す

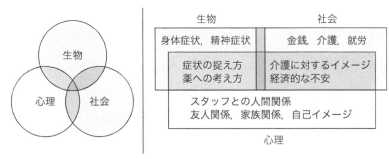

図5.1　生物－心理－社会モデル

る考え方などの医療に重なる部分と介護に対するイメージなどの福祉に重なる部分が大きいので，筆者は**図5.1右**のような形が実践的と考えている。

B. 患者の生活場面を考慮して対象を拡大する

　患者の役割とニーズを多面的に理解したならば，患者のQOLを高めるためのさまざまな工夫を考える段階になる。この時，患者の関係者にも支援を提供することは，QOL向上の成功率をさらに高める。このうち，患者家族の支援については多くのプログラムがすでに定式化されている。さらに，病気を治療しながら仕事を続けることについて，職場の上司や同僚も交えて方法を検討する場があることは役に立ちそうである。また，家族が介護と仕事を両立するために，家族の職場の人との調整を支援することは，関係者の関係者を対象に含めた支援として効果的だろう。この考え方の根底には，患者の家族や職場の人，家族の職場の人といった対象に支援の輪を広げることで，それらの関係者に患者の支援者になってもらおうという狙いがある。すなわち，地域支援は，医療・福祉・心理といった特定の領域の専門家だけを支援者とみなすのではなく，患者の生活の中にいる人全員を潜在的な支援者とみなしていることに大きな特徴がある。

　この考え方を発展させて，同じ疾患・障害を抱えた人同士が支援しあう仕組み作りやその家族同士が支援しあう仕組み作りも注目されており，これらはピア・サポート活動と呼ばれる。さらに当事者同士の相互支援で専門家の介在なしに行う活動はセルフヘルプ・グループと呼ばれる。アルコール依存

症のための断酒会や薬物依存症のためのDARC（ダルク）はセルフヘルプ・グループの例である。なお，その活動に当事者だけでなく専門家を含んでいる場合はサポートグループと区別される。

C. 地域支援の効率性

さて，ここまで読み進めた読者の皆さんの心の中には「考えることが多いし複雑すぎる」「丁寧な支援だろうけど労力がかかりすぎて現実的じゃない」という感想が浮かんでいるのではないだろうか。筆者もそう思う。すべてのケースにおいて，医療従事者全員がここまでのことを考慮していたら仕事が終わらない。これは，支援のコスト・ベネフィットに関する議論である。地域支援においては，なるべくコストが低くてなるべくベネフィットが大きいこと，すなわち効率がよいことも重要な要素である。

地域支援の効率を高める工夫の1つは，患者理解のきめ細かさと対象の範囲をケースによって変えることである。つまり，「医療従事者が対応の難しさを感じるケースほど，多面的に患者を理解するように取り組み，医療チームのメンバー間の共通認識の確認を増やし，支援の対象者を拡大するように考える」とよい。

その具体的な判断基準は，第1に，患者の抱える問題の深刻さである。患者の痛みの訴えが特に酷いとか，ADLが顕著に低下したとか，抑うつの程度が重篤であるとか，経済的に追い詰められているといった特定の領域の問題が深刻であることが明らかになれば，他の領域でも問題が深刻になっている可能性が高い。その場合，患者本人にとっても医療従事者にとっても"いつもの対処"が機能しにくくなっており，複雑でコストの高い支援が必要になる。

第2に，医療従事者の感じる患者との関わりにくさがヒントになる。人は問題が深刻すぎたり自分でどうしようもないと感じたりすると余裕がなくなる。そのため，患者の中には，物わかりが悪くなったり，普段は怒らないようなやり取りで腹を立てるようになったり，出来事をとてもネガティブに捉えるようになったり，他者に依存的になったりする人がいる。これらの兆候が表れると，医療従事者はその患者に関わりにくさを感じ，自分の対応に不

全感を抱くようになる。そうなるとお互いの信頼関係は徐々に蝕まれて，いつも通りのコミュニケーションが難しくなる。このような場合，少数で支援するよりは，広く支援者を募ったほうが上手くいくことが多い。医療従事者個人の「他の患者より○○」，「自分の口調が普段よりきつくなっている」，「一生懸命関わっているのにあの患者には伝わらない」といった主観的な違和感はよい信号になる。逆にいえば，特に違和感なく対処できているケースでは，その判断が思い込みでないことをチェックする機会が必要ではあるものの，ことさらに話を難しくする必要はないといえる。

　そうはいっても，どの程度大変そうならどの程度きめ細かく広く地域支援を展開するかについて迷うことが多い。また，よい地域援助を展開するためには，医療従事者のQOLも重要である。医療従事者に過重な負担がかかり医療従事者のQOLが著しく低下する支援方法は，全体として効率が悪い。患者やその関係者はもちろん，医療従事者にとっても現実的に無理のないプロセスを模索したい。

　そこで，組織内に心理職がいれば，医療従事者自身が違和感を抱いた時，「何かおかしい」，「困っている」という話で相談するのがよい。公認心理師や臨床心理士は，患者のQOLを高める効果とかかるコストの効率が最もよくなるような地域支援を計画する目的で，患者やその関係者の私的経験（主観）の情報と同様に，医療従事者の私的経験の情報も欲しがっている。医療従事者の違和感の情報をもとに，一緒に支援の方法を考えることができることは心理職にとって大変ありがたい。逆に心理職の立場では，よりよい地域支援を行うために，普段から気軽に声をかけやすい雰囲気をチーム中で作っていく必要がある。

D. 地域支援における啓発活動

　地域支援の広がりの解説の最後は，疾患や困難を抱えているが専門機関をまだ利用していない人，疾患や困難を抱えていない人を対象とする支援である。これらの対象者への主な支援方法は，広報紙や講演・研修会，イベント等を通じた啓発活動である。

　この活動の目的は，コミュニティ心理学における予防の重視と深く関連し

ている。予防はコスト・ベネフィットの効率の観点から最も効果的な支援である。コミュニティ心理学でよく取り上げられるキャプランの理論では，予防は，一次予防，二次予防，三次予防の3つに分類される。

　一次予防とは，疾病や障害の発生を未然に防ぐ介入である。高齢者の転倒による骨折について，筋力低下を防ぐための体操教室を開いて骨折の発生率を下げることは一次予防の一例である。体操教室を開くと，一人のインストラクターが1つの広い部屋を使って十数人から数十人の高齢者を対象とすることができる。これは，筋力低下に起因する転倒によって骨折してから通院して治療とリハビリを行うよりも，人的・時間的・費用的なコストが低い。骨折後に一定期間家族による介護が必要だとすると，その介護期間の家族と高齢者本人の機会損失も含めると，一次予防のコストの低さはさらに際立つ。このように，一次予防は，まだ疾病や困難を抱えていない人を対象として，一度に多くの対象者に支援を行うものである。

　次に，二次予防とは，疾病や障害の早期発見・早期治療を行う介入である。がん検診や定期健診がその一例である。疾病や障害の発生率を下げることはないが，その重篤度や罹患期間を低下させることを目的とする。多くの疾患・障害は，それに対応せずに過ごす期間が長いほど，問題が深刻化したり困難が周囲の人や本人の生活全体に波及したりする可能性が高まり，機会損失を増やす。また，がん検診によってがんを早期に発見して治療を開始することによって，重症化で死亡するリスクを下げることができる。

　二次予防では，正確なスクリーニングとアクセシビリティという2つの点から支援方法を検討する必要がある。前者の正確なスクリーニングとは，「ある疾病や障害の有無を正しく見分けられる検査を正しく運用すること」を指す。本当は疾病があるのにないと判定したり（偽陰性），本当は疾病がないのにあると判定したり（偽陽性）する確率の高い測度は使いにくいので，ある程度の正確さが求められる。そして，正しい運用では，スクリーニング実施者がマニュアルに沿って正しく運用することはもちろんのこと，エラーの起こりにくい測度を設計するという観点も必要である。後者のアクセシビリティは，利用可能性と訳されることが多い。主に，疾患や困難を抱えているが専門機関をまだ利用していない人を想定して，どうやったら専門的支援

を利用してもらえるかを考える。こうすれば必ず利用してくれるという特効薬はないことが多いので、交通の利便性、肯定的イメージの定着など、さまざまな方法で少しずつ事態を良いほうに推移させていく長期的視点が必要となる。医療機関や心理相談機関でいえば、そこのスタッフが地域の講演会や研修会の講師となり、顔と名前と人となりを売り込むことで、そこに参加して安心した人がその機関を利用するというのもわかりやすい例である。

　最後に、三次予防とは、疾病や障害による社会適応の悪化を防ぐ介入である。疾病や障害の発生率を低下させることも重篤さや期間を低下させることもない。前節までに取り上げてきた生活者としての患者のQOLを高めるさまざまな工夫はこの三次予防の色が濃い。

　ここで、一次予防、二次予防、三次予防は、それぞれ排他的な取り組みではない。例えば、何らかの研修会に参加してがんのメカニズムや治療方法、予後などに関する知識を身につけた人の中には、がん検診を積極的に受けるようになる人が含まれるだろう。これは二次予防におけるアクセシビリティを高めたことになる。また、がんについて知識を得た人の務めている会社で、がん治療で通院しながら仕事を続けたいという社員が現れた場合、それが上手くいく可能性が高まるかもしれない。あるいは知識を得た本人ががんの告知を受けた際に、何も知らなかった場合よりもがんと共に生きる方法を積極的に模索しやすいことも考えられる。これらは三次予防に含まれる。

　また、多機関で協働して研修会等の啓発活動を行うと、互いの機関のメンバーが出会ってお互いのことを知るきっかけとなり、いざという時に他機関を紹介したり協力体制をつくったりするハードルを下げることにつながる。

　コラムに取り上げた「U＝U」は、HIV医療における啓発活動で、コンドーム使用や感染者の服薬による感染防止（一次予防）、HIVへの理解度を高めることによる検査受検の促進（二次予防）、HIV感染者の社会適応やQOL向上（三次予防）を目指す取り組みである。こういった啓発活動はそれだけで患者の生活や社会に劇的な変化をもたらすものではないかもしれない。しかし、「U＝U」に触れることでHIVへの理解度が変化した人では、HIV検査を受けるか否かの判断や感染者に対するイメージ・言動が少し変化することは期待できる。予防活動では、「あらかじめ良い考え方や良い環

境の土壌を作っておこう」，「それによって困難が起こってからの本人への支援や環境調整のコスト（ハードル）を下げておこう」という姿勢が望ましい。

コラム **HIV医療における啓発活動　U＝U**

　U＝U（Undetectable＝Untransmittable）とは，抗HIV療法を継続することで，血中のウイルス量が200 copies/mL未満の状態を6ヶ月以上維持している状態のHIV陽性者は（Undetectable：検出限界値未満），他の人に性行為を通じてHIV感染させることは一切ない（Untransmittable：HIV感染しない）という，科学的に根拠づけられた事実を，わかりやすく，そして世界的に伝えるメッセージである（U＝U Japan Project，2019）。

　HIVは，一度感染すると，体内のウイルス量をゼロにすることはできない。しかし，治療法の進歩によって，継続的な服薬でウイルス量を限りなくゼロに近づけることができて，感染者は感染前の生活を継続できるようになっている。同時に，治療によって，注射針の共用と母子感染以外の接触で他の人に感染させない状態になる。つまり，早期発見・早期

治療によって健康を損なうリスクと誰かに感染させるリスクをなくすことができる。また，現在の感染経路の80％は性行為というデータがあり，コンドームの正しい使用でそのほとんどを防ぐことができる。

　これらの科学的データをふまえれば，性行為についてオープンにして正しい知識を啓発し，誰でも気軽にHIV検査を受けられる仕組みがあるほうがよい。しかし，現実には，社会の中にはHIV/AIDSに対する死に至るウイルスと病気というイメージが根強く，感染経路についても間違った知識あるいはとても古い知識が信じられている。そして，それらがHIV感染者に対する差別や偏見を生んで感染者のQOLを著しく侵害している。また，差別や偏見を恐れて検査を避けたり，治療を継続でなかったりすることも多い。さらに，悲しいことに，これらの誤った認識やイメージは医療者従事者の中でも払拭されきっていない。

　皆さん自身や周りの人のHIVに対する理解や感染者に対するイメージはどうだろうか。われわれは，あらゆる差別や偏見を減らすために正しい知識を広める情報の出力を増やしていくと同時に，正しい情報を得る入力を増やす機会を常に意識していたい。

本節では，コミュニティ心理学の理念を中心に地域支援を行ううえで有用な考え方で，付け加えておくべきことを解説する。

A. 多次元で理解する

これは，主に患者や関係者の言動を納得して理解するために効果的な考え方である。例えば，患者Aが主治医には「手術を受けてみたい」と言い，ある看護師には「手術は受けたくない」と訴えたとしよう。この時，この情報を聞いたあなたはどう感じるであろうか。本章のここまでの内容を覚えている方は「人は相手の立場や態度によって表に出す側面を変える」のだから，相手によって違う側面を表出していると理解されることと思う。しかし同時に「真逆のことを言っている」と感じてこの患者Aがどうしたいのかわからなくなったり，Aにどう関わるのがよいのかわからなくなったりするかもしれない。「真逆のことを言っている」と感じた時，私たちは「受けたい」と「受けたくない」を一次元上に配置して捉えているのであるが，このような場合は一次元で捉えるよりも多次元で捉えたほうがよい（**図5.2**）。なぜならば，一次元で捉えている場合は，「手術を受けてみたい」気持ちに共感すると「手術を受けたくない」気持ちから遠ざかるように感じ，その時その時のAさんの訴えが変わることに伴って対応する医療従事者の立場も揺れ

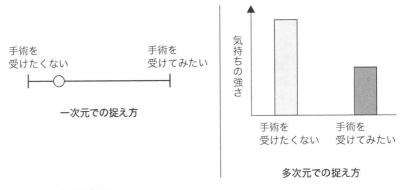

図5.2　一次元と多次元

動くことになるからである。自分の立場が揺れ動くことは一般に苦痛や不安などの否定的な感情を引き起こし，関係を悪化させる。

　一方，多次元で捉えている場合には，「手術を受けてみたい」気持ちに共感する程度と「手術を受けたくない」という気持ちに共感する程度は無関係であり，端的にいうと医療従事者個人の中で「どちらも口に出しているのだからどちらの気持ちも強いんだ」という理解が腑に落ちやすくなる。人間の訴えやニーズは常に多次元で理解する構えでいるとよい。そうすると「治療を受けたい」一方で「今までの趣味も続けたい」というニーズも一旦受け止めやすくなる。最終的に，何かを選択して他の何かを諦めなければならない時が来るとしても，その直前までは，あるいはその決断をした後でさえ，複雑な思いをもっていることは認められる。

　さらに，チームでの合意や患者・家族との話し合いにおいても多次元の構えが有用である。一次元を前提とした話し合いでは，良いか悪いか，肯定的か否定的か，意見が同じか違うかといった2分法的な解釈や態度へと発展しやすく，結果としてさまざまな対立を引き起こしやすいからである。例えば，ある医療従事者が「あの患者とは関わりたくない」という態度を見せた時，「医療従事者としてそういう態度は良くない」という解釈へ向かいやすくなる。一方，多次元で捉えた場合には，仮に各次元で2分法的な解釈で対立があったとしても，全体としてみれば解釈や態度の組み合わせが複雑になる。「あの患者とは関わりたくない」という気持ちが100点満点中80点の強さで「患者にはケアの精神で親身に関わらなければならない」という気持ちも100点満点中70点の強さで存在していると捉えることができれば，良くない面と良い面が共存していると解釈できる。この解釈があれば対立は少し緩やかになるだろう。解釈や態度が単純であることは素早い判断を可能にするが判断が極端になりやすく，それが複雑であればあるほどチームや集団の判断は極端になりにくくなる。

　他には，感情状態を不安・緊張，抑うつ，怒りなどの多次元で捉えたり，性格傾向を厳格さ，遊び心，冷静さ，温かさなどの多次元で捉えたりすることもできる。

B. 有能さと強さに注目する

　先に少し触れた通り，医療現場に現れる患者は弱い立場になる。これは一方的に援助を提供する医療従事者と援助を受け取る患者という関係に，必ず力の不均衡が伴うという法則が関係している。援助を提供する側は，選択の主導権を握りやすく能動的に振る舞えるし，援助を受け取る側は，その逆になりやすい。この関係は，皆さんが中学・高校・大学でどんな経験をしたかを思い起こしていただけると体感できると思う。教員が「自由に決めていいよ」と提案したとして，生徒・学生の立場でどの程度自由に決められただろうか。教員に「率直に聞かせて」と言われてその言葉を信じて素直になるまでにどのくらい時間がかかっただろうか。生徒・学生であった皆さんを最も尊重してくれた教員はどんな人であっただろうか。そしてそんな良い先生と意見が対立することに恐れや不安がどの程度あっただろうか。

　援助を提供する側になった者が，援助を受ける側の権利や意志を尊重しようとする取り組みに「これで十分にやった」というゴールはない。それは常に取り組み続けなければならない課題である。そして，恐ろしいことに，専門職として経験を積めば積むほど，年齢が上がれば上がるほど，気づかぬうちに患者との力の不均衡は強くなる。それに対応して取り組み方を変えていかなければならない。

　患者の権利や意志を尊重する方法の1つが，患者やその関係者のもつ有能さと強さに注目することである。具体的には，患者の中に尊敬できる部分や感銘を受ける部分を見つけたり，患者と医療従事者の共有している目標に向かってすでにできている行動を見つけたりすることが役に立つ。これは，ネガティブに受け取った内容をポジティブに言い換えるという作業を含む。例えば，「仕事に穴を開けてしまって自分はダメだ」と話す患者は自責感にさいなまれているといえるが，それだけ仕事に対して責任感が強い人であるともいえる。この時，ネガティブをポジティブに置き換えて「責任感が強くて素晴らしい」と極端にポジティブに捉えるのではなく，「自責感が強くなって苦しそうだ」，「責任感が強いところは尊敬できる」と多次元で捉えるのが理想的である。

　すでにできている行動を見つける場合は，やっていないよりやっているほ

うがよいという判断を大切にしたい。「アルコール依存症のグループに出席しようと思います」と面談で毎回話すがまったくグループに参加しない患者に対して，「口だけだ」と判断するのはなかなか厳しい対応である。少なくとも毎回面談で「グループ？　行く気ないですけど？」と言う患者よりは，この患者が医療従事者との人間関係に配慮できていることは確実である。「出席しようと思います」がその場しのぎの嘘だったとしても，グループに行くことが望ましいという考えに至っていることは確からしい。さらにいえば，医療従事者と面談しているその瞬間は出席することを本当に目標としている可能性がある。

　患者や家族や医療従事者がQOLの向上にとって望ましい希望や目標を語った時，それが行動として実現しなかったとしても，語ったこと自体が有能さ（できていること，気づいていること，目標をもっていること）の現れである。逆に「どうしてもできなくて苦しい」と語っていることも，現状に満足していないという意味で，気づいていること，目標にしていることがあるということの現れと解釈できる。

引用文献
U=U Japan Project, 2019．https://hiv-uujapan.org/2019

参考文献
J. ダルトン，M. イライアス，A. ウォンダースマン著，笹尾敏明訳，コミュニティ心理学―個人とコミュニティを結ぶ実践人間科学―，金子書房，2007．
山本和郎，コミュニティ心理学の臨床分野への貢献そしてさらなる展開へ，コミュニティ心理学研究，5，39-48，2001．

第6章 精神科における心理臨床

精神医療について

A. 精神科とは

　精神科では，精神科医が「精神医学」という学問にもとづき，精神疾患などの診断と治療を専門的に行っている。精神医学は，人間の「こころ」を対象とする医学であるが，ここでいう「こころ」とは抽象的な概念ではなく，「脳」という1つの器官の活動を示す。したがって，精神疾患とは，脳の働きが変化することにより，認知や感情，行動に大きな偏りが生じて，日常生活で大きな問題が起きている状態であるといえる。しかし，脳の活動は体の内部で完結するものではなく，環境や社会文化などの要因から，さまざまな影響を受けている。つまり，こころの病気は複数の原因が複雑に絡み合って発症しているのである。したがって，診断や治療では，単に器官としての脳を診るだけではなく，患者の生育歴や生活環境，性格やものの捉え方などの特徴について総合的に理解し，診察や治療を進めていくことになる（上島，2017）。

　精神科を受診する患者は，不安や気分の落ち込みがある，眠れない，幻聴が聞こえるといった，精神面で困った症状を抱えている。精神疾患を原因別に大まかに分類してみると，その1つとして，生物学的要因が関連し，脳の機能的障害が問題とされる統合失調症や躁うつ病などがあり，これらは現時点では原因が解明されていない精神疾患にあたる。次に，脳に器質的[1]な障害が認められる脳血管障害，認知症，脳炎などによる精神障害がある。また，身体的な病気が原因となって症状を引き起こしている身体因性の精神疾患があり，感染症，内分泌疾患，膠原病などの身体疾患による精神的な障害など

1　臓器そのものに特定の病変を見い出すことができ，その結果としてさまざまな症状が出現する病気や病態のこと。p.8も参照。

が挙げられる。さらに，何らかの精神的な負担が原因となって起こる心因性の精神疾患があり，解離性障害や不安障害などがこれにあたる。心因性精神疾患については，災害や家族との離別などで受けた大きなダメージによって起こるストレス関連障害（代表は心的外傷後ストレス障害）も含まれる。

　精神科と混同されやすい診療科に「神経内科」や「心療内科」などがあり，各診療科で専門としている分野は異なっている。重複する部分もあるが，神経内科では主に脳や脊髄，神経，筋肉などの身体機能的な病気を専門的に扱っている。手足に力が入らない，歩きにくい，頭痛やめまいがある，しびれやふるえがあるなど，身体的な障害を抱える方が対象となることが多い。心療内科は，本来は身体疾患の経過に精神的・心理的要因が影響する疾患を対象としており，代表的な疾患は過敏性腸症候群，気管支喘息，アトピー性皮膚炎であり，摂食障害なども含めることが多い。しかし，近年では「心療内科」を標榜するクリニックや病院であるが，実際に行われている医療は精神科とまったく同様である，もしくは現実には精神科であるといったケースが多い。

B. 精神科の特徴

　精神科として患者の治療を行っている医療機関は「精神科診療所」「精神科病院」「総合病院の精神科」の3種類に分けられる。それぞれの機関で，提供できる治療や利用できる施設が異なるため，受診する患者も異なってくる。

i）精神科診療所

　精神科診療所は，無床または19床以下の入院施設をもつ医療機関であり，管理者である精神科医1名（時に数名）と少数のコメディカルスタッフで診療をしていることが多い。通院が可能な患者のみが対象となるが，土曜日，平日夕方まで診療をしているところが多いため，自分の都合に合わせて通院しやすいという特徴がある。

ii）精神科病院

精神科病院は，20床以上の入院施設があり，精神科医が複数勤務している。精神保健福祉士や心理職といったコメディカルスタッフが基本常駐しており，精神科救急対応をしている病院や，デイケアを運用している病院も多い。施設の性質上，入院を要する重篤な患者が対象となり，精神科診療所と比較すると通院患者も経過が長いケースが多いかもしれない（これはわが国の精神医療制度の歴史から，精神科病院のほうが一般に古いことも関係する）。

iii）総合病院の精神科

総合病院の精神科では，院内に精神科病棟がない場合，院内の他の診療科との連携が密にとられているため，身体合併症のある精神科患者や，身体的な治療を受けている患者の中で精神的な問題が生じている人について治療を行う機会が多いかもしれない。院内に精神科病棟がある場合は，上記の機能に加えて精神科病院と同様の機能をもっていることになる。

また，精神科では他の診療科にはない特徴がある。身体疾患を治療する診療科では，患者の意識がない中で緊急処置が必要である場合を除き，基本的には本人の同意のうえで治療が行われる。一方，精神障害の程度によっては病識をもちにくい状態があるため，精神科では本人の同意がないが，入院治療を要し，自傷他害の恐れがある場合には医師の判断で治療が行われることがある。これらは精神保健福祉法にもとづく医療保護入院，措置入院などが相当し，法で定められた精神保健指定医の判断により本人の同意なしに入院治療を行うことができる。

6.2節 | 精神医療における心理的ケアの重要性

A. 受診の流れ

初めて精神科を受診した患者が，どのように治療へ進んでいくのかを簡単に紹介する（**図6.1**）。前述したとおり，医療機関によって診察の流れや，提供できる治療が異なるため，ここで紹介するのは，あくまで大まかな流れであることを念頭においてほしい。

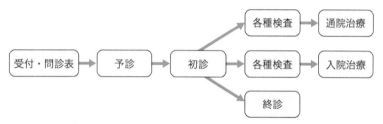

図6.1　主な精神科受診の流れ

　初めて精神科を受診する患者は，受付を行った後，問診票の記入を求められることが多い。問診票では，どのような症状で困っているのか，これまでに同じような症状はあったか，他の医療機関への受診歴はあるか，身体の病気はあるかなど，さまざまな質問に答えてもらう。

　その後，医師の診察の前に予診が行われる。予診とは，医師が診断するために必要な情報を事前に聴取することである。こころの病気には，統合失調症や躁うつ病のように原因がはっきりわかっていないものだけでなく，身体因，薬物を含む物質など複数の要因が重なって発症するものもある。そのため，予診で事前に情報を収集することは，医師の診察の一助となる重要な業務である。医療機関によって予診を担当する職種が異なっており，心理職が担当するところもあれば，看護師，精神保健福祉士，研修医らが担当するところもある。予診で得た情報は，簡潔にまとめてカルテに記載し，診察までに主治医に報告される。

　そして，予診の情報をもとに医師による診察が行われ，考えられる疾患や状態を想定し，精査のために必要な検査がオーダーされる。検査には，血液検査やMRIなどの身体的な検査と，患者の心理・精神状態や知能・認知機能を把握するための心理検査，神経心理学的検査がある。医師はさまざまな検査結果や，診察の中で得られた所見などの情報をもとに診断を行う。そして，治療の方針が立てられ，治療が開始される。

B. 治療の選択肢

　こころの病気には，どのような治療の選択肢があるのだろうか。精神科では「薬物療法」「環境調整」「精神療法」が主な治療の柱になる（**図6.2**）。

図6.2　精神科治療の三本柱

　薬物療法では，精神科医が患者の病態や症状を考慮し薬物の選択，処方量を決定する。環境調整では，患者の症状や生活状況によって適切な環境を整えるために，家族関係に働きかけたり，職場の労働条件や労働環境を調整する。そして，精神療法にはさまざまな種類があるが，その目的は患者が自分自身や人間関係，ものごとへの考え方，あるいはストレスやフラストレーションへの対処法の偏りを見直していくことをサポートすることである。これは，精神科医が患者との対話を中心に心理的な働きかけを行うことだけではなく，患者や家族に対する病気の説明，心理教育，生活面での現実的な助言など，幅広いものを含んでいる。精神療法は，精神科医，心理職などの専門家が患者との心理的交流を通じて進めていく治療であり，精神医学領域では精神療法，心理学領域では心理療法と呼ばれることもあるが，基本的に同義である（加藤ら，2021）。心理職は，必要に応じて医師の指示のもとで心理療法を行う。しかし，心理職が単独で行う心理療法は，現時点で保険診療の対象となっていない，もしくは細かな制約があるため，医療機関によっては無償，または患者の自費での対応になっている。そうした状況ではあるが，心理職は心理療法やその他の関わりを通して，患者との対話の中から課題解決の糸口を探しつつ，患者自身が自己理解や自己成長を積み重ねて，よりよく生きていくためのサポートを提供している。

　現在の精神科では，薬物療法によって治療が開始されることが多いかもしれない。しかし，こころの病気は生物学的な要因だけではなく，環境，性格，

認知のあり方，ストレス耐性など，さまざまな要因が複雑に絡み合って発症するため，薬物療法だけでは治療が上手くいかないこともある。そこで，治療効果を高めるために重要になるのが，精神療法や環境調整である。

　例えば，ものごとの受け取り方や考え方に偏りがあるために，必要以上に周囲の人とぶつかり，対人関係に問題が生じているような場合には，精神療法が有効になることがある。このような患者は，自己洞察（自分の考え方や現実に気づき，理解し直すこと）や，その気づきにもとづいて，これまでの偏った考え方や行動を変化させていくことが困難であるからこそ，問題を抱えて精神科を受診している。そして，日常生活や対人関係の中で，何度もトラブルや失敗を経験することで，深い自尊心の傷つきを抱えている場合もある。このような患者を支援する際には，心理学的な知見をふまえて，「どのような状況で」「どのような行動をとると」「どのような悪い結果になったのか」を分析し，今後は悪い結果にならずよりよい結果になるように，患者自身で状況を把握し行動を選択していくことができるように導くことが必要である。また，職場の対人関係が上手くいかないことや，本人の適性と職務内容が合わないために仕事を上手く遂行できないということがきっかけの1つとなり，うつ状態になったような場合には，患者の症状が改善して復職する際に，再発防止のためにも，職場側の環境面に対する配慮や調整が必要である。仕事の適性や職場の対人関係のあり方について，患者だけではなく，職場にも把握してもらい，適切な環境に調整したり，患者の特性に配慮してもらうことで復職が上手く進んでいく（大川ら，2020）といわれている。

　このように，精神科における専門治療は，薬物療法，精神療法，環境調整を総合的に行うことで機能しており，精神療法や環境調整を含む大きな意味での心理的ケアの重要性は明らかである。

C. 心理職の役割

　精神科領域で働く心理職はどのような役割を担っているのだろうか。心理職の役割について，精神科医の立場からは心理評価（アセスメント）と心理面接（心理療法）が中心であると指摘されている。精神疾患を抱える人は，生物的生命，心理的生命，社会的生命のいずれかに問題を有する人である。

そして，医師がその生物的生命を重視し，看護師がその心理的，社会的生命により気を配ってきた。これに対し，心理職はその心理的生命に対する責任をもつことになり，精神科領域では多くの期待を担う専門職であることも指摘されている（武田ら，2007）。医療機関の形態や方針によって心理職の役割は異なるが，ここでは上記の役割をふまえた，主な3つの業務について紹介する。

i）予診

1つ目は予診である。予診は，心理的評価のための面接ではなく，医学的な情報を収集することが一番の目的であり，短時間での対応が望まれる。また，予診者は患者にとって来院して初めて出会う医療者であることから，受容的な態度での関わりを心がけ，患者が安心してスムーズに診察を受けられるような対応を目指している。

ii）心理評価（アセスメント）

2つ目は心理評価（アセスメント）である。精神科では，医師が診断を行うにあたり，患者理解を深めるために心理検査をオーダーすることが多い。患者に対して行われる心理検査は，知能検査，発達検査，神経心理学的検査，性格検査などいくつかの種類がある。患者が質問紙に記入していくものもあれば，作業をしてもらったり，課題に取り組んでもらったりすることで，心理状態や特徴を把握していく検査もある。また，心理検査の結果だけではなく，検査場面における患者の表情，言葉遣いや振る舞い，服装，心理職との関係構築の様子などを観察して得られる情報も非常に重要である。これらの情報を包括的に分析し，患者の心理状態やパーソナリティ特徴，知的発達面の特徴などを総合的に理解・評価することをアセスメントという。そして，心理検査などから得られた結果を，診断および今後の治療などに活かすために，報告書にまとめて医師に報告する。

iii）心理療法

3つ目は心理療法である。主治医から特定の心理療法を指定される場合も

あるが，医師と相談のうえ，アセスメントをもとに問題解決に有効だと思われる方法を提案する場合もある。心理療法には，来談者中心療法，認知行動療法，精神分析的心理療法，遊戯療法，家族療法など，さまざまなアプローチの方法がある。

このように，精神科の心理職は，医師の指示のもとでそれぞれの業務にあたっている。そのため，医療領域で働く心理職は，精神科に限らず，心理職としての基本のスキルだけでなく，基本的な医学知識，適切な医療面接や心理面接，医療における心理的アセスメント，チーム医療の実践などの臨床能力や他の医療職とのコミュニケーション能力が求められる。

6.3節　心理的ケアの実際

A. アセスメント

本節では，精神科における治療の中で，実際にはどのような心理的ケアが行われているかを紹介する。

初めに，心理的ケアに先立って重要な患者理解について述べる。予診や初診の後，医師は病名を決める診断を，心理職は患者の状態を深く理解するためにアセスメントを経て，治療が開始される。医師の治療の目的としては，疾患の診断および治療方針の策定が重視されるが，心理職による査定では，人間全体の理解および可能性を見立てる（心理・教育モデル）ことが重要となる（小俣，2008）。心理職は患者が困っていること，上手くいかないこと，その背景にある要因を整理して介入へとつなげており，医学的診断よりも心理的な面を多方面から深く，立体的に捉えることを重視している。（下山・中嶋，2016）。

現在，心理職によるアセスメントは，包括的な意味として，患者の理解と援助の見通しを立てるために行う心理学的評価とされている。つまり，患者が抱える悩みや問題を把握し，それとパーソナリティの特徴や知的能力，あるいは生活歴や家族歴，患者を取り巻く社会環境などが，症状とどのように関わっているかを総合的に理解・評価することである。

アセスメントの手法には，面接法や行動観察，心理検査などがある。初期の段階でのアセスメントを通して，目の前の患者にはどのような援助が適しているのか，その見通しや予後はどうか，目標をどのようにおくかなど，さまざまなことを明確にしていくことが重視されている（小俣，2009）。

i）心理検査

　患者の援助に際して，心理検査による見立ては有用な意味をもち，診断や治療方針の決定に大きく関係することもある（津川，2009）といわれている。心理検査は，患者に質問や課題を提示して，その刺激に対する反応から，個人の心理的側面を定量的に把握しようとするものである。面接や患者の観察からだけでは得られにくい，精神症状やパーソナリティ傾向，知的能力，認知機能などのより詳しい情報を得るために実施する。心理検査は，ある程度の再現性や妥当性が認められており，実施や解釈については一定度の均一な結果が担保されるという利点がある一方で，得られる情報が限定された領域のものであるという短所がある。このような短所を補うために，複数の心理検査を組み合わせて実施されることが多い。

　精神科の診断では，画像検査や，生理学的検査，血液生化学検査などさまざまな検査が用いられるが，単独で診断を確定できる検査はない。医師はDSM（精神疾患の診断・統計マニュアル）やICD（疾病及び関連保健問題の国際統計分類）などの診断基準にどれだけ該当するかといったことを検討していくが，このような操作的診断基準だけで臨床的な判断を行っているわけでもない。患者の抱えるさまざまな要素や，本人を取り巻く環境を鑑みて，最終的に診断や治療方針を決定している。その中で，患者を多面的に理解する一助となるのが心理検査である。心理検査から，その人の知的能力や発達の偏り，パーソナリティの傾向，深層心理などが明らかになり，患者理解や診断，治療において役に立つことも少なくない。

　心理検査の内容は，医師に指定されることもあれば，心理職が患者の状態や医師の目的に応じて提案することもある。医師と心理職が上手く連携できていなければ，適切な心理検査が実施されなかったり，検査結果から医師の知りたい情報が得られないことがある。医師がどのような目的で心理検査を

オーダーしたのか，心理検査の結果は患者に伝えるのか，その後の心理面接につなげていくことがあるのかなど，医師と心理職の間でしっかりと情報を共有しておくことが重要である。そして，患者の状態や，医師の目的をふまえて，どんな心理検査が必要かをよく検討し，医師と相談のもと適切な心理検査を実施しなければならない。

　また，治療とは別の枠組みになるが，精神科では精神鑑定が行われることがあり，その際には心理検査や心理学的評価を求められる。さらに，患者の障害年金や障害手帳などの取得などに必要な場合もある。

ii）心理検査の種類

　心理検査は，検査目的によっていくつかの種類に分類される。知的能力や発達の状態を見る検査法は知能検査・発達検査と呼ばれ，生活年齢と精神年齢の比率を表す知能指数（IQ）を測定するものや，認知的な情報処理機能の状態を把握するための検査などがある。

　また，脳の損傷や認知症などによって生じた，知能・記憶・言語などの機能障害を定量的・客観的に評価する検査は神経心理学的検査と呼ばれる。

　パーソナリティの特徴を把握するための心理検査は「性格検査」や「人格検査」と呼ばれ，検査測定の手法によって「質問紙法」「作業検査法」「投影法」の3種類に分けられる。

①**質問紙法**：「はい」や「いいえ」などの選択肢を被験者が自分自身で選んで記入し，回答結果を点数化することによりパーソナリティを把握する検査法である。被験者の意識的側面を捉える検査で，被験者が意図的に解答を操作することができるという面もある。

②**作業検査法**：ある特定の作業課題を行って，その結果から個人の特性を知ろうとする検査である。作業課題を行う際の緊張，興奮，慣れ，疲労，混乱など，言語を介しないパーソナリティの一部を測定することができる。

③**投影法**：多義的な刺激に対して個人がどのように反応するかで，意識レベルより深い領域で起きている個人内の特性を理解しようとする検査法である。被験者は，何を見られているかがわかりにくいため，意識的に

回答を操作することが難しく，作為的な反応が抑制される。よってより深層にある人格傾向や内面の核となる情緒のありかたを解釈することができるとされている。

　以上のような，比較的意識面に近い水準の心理的特性が表れる検査や，日ごろ自分が意識していないけれど実は思考や感情に大きな影響を及ぼしている価値観や傾向が表れる検査など，数種類の心理検査を患者に適するように組み合わせて，多面的に患者の状態を理解する。

iii）心理検査の手順

　ここでは，心理検査の実際の手順を紹介する（藤本・関根，2016）。段取りとしては，精神科医が患者の状態を鑑みたうえで，心理検査の実施を判断し，その目的を患者に伝え，その後の流れについて説明する。

　心理検査実施時には，心理職から再度目的を患者に伝え，同意を得てから検査を実施する。多くの患者は「テスト」や「検査」という響きに緊張し，どんな検査を受けるのか，どのような結果が出るのか不安に感じていると思われる。心理職は，その不安や緊張を少しでも和らげられるように励ましたり，労いの声をかけるなどしながら検査を行う。心理検査の内容についての説明や，教示（検査者が患者に対し「○○してください」などと指示を行うこと）については，一言一句定められている検査もある。患者が質問をしてくることもあるが，その際の答え方も誘導的にならないよう，事前に定められた文言でしか返答できない場合もある。このように標準化された心理検査よって，客観的な評価や解釈を行えるよう，定められた通りに心理検査を実施する。

　心理検査が完了したら，最後まで検査に取り組んだことを労ったり，心理検査を受けた感想を聞いてみたりして，患者が不快な気持ちをもち帰らないようにリラックスできる時間をもつようにする。最後に，今後の通院や結果説明などのスケジュールを確認し，検査室から患者を送り出す。

　検査後は，精神科医への結果報告に向けて，心理検査によって得られたさまざまなデータを臨床心理学的知見にもとづいて整理し，解釈を進めていく。

そして，解釈の結果を「所見」として，医師を含む他の医療職と共有できるように，報告書としてまとめる。所見では，患者が抱えている問題や，パーソナリティ，病態水準（精神状態の重篤さ）などを整理したうえで，治療に活用することができる患者の強みや資源など，患者の変化への可能性にも言及する。心理検査では，患者の弱点や欠点だけを見つけるのではなく，良い点や強みを見つけることもできる。だからといって，ネガティブな面を否認したり過小評価したりすることは治療的とはいえない。強い面も弱い面も含めて，適切に患者を評価することが必要である。

　心理検査の結果を患者へ伝えることをフィードバックと呼ぶが，その場合は，本人にとって役に立つ形で伝えられる必要がある。心理検査を通じて，患者自身もわからなかったことが見えてきて，納得することもあれば，逆に違和感を覚えることもある。フィードバックの場面では，双方のコミュニケーションを大切にして情報を共有する中で，患者が落ち着いて自己を見つめ，理解を深めていくことができるような働きかけが求められる。

　以上のように，精神科で働く心理職へ期待される役割の1つであるアセスメントは，患者の病態水準の見極め，性格特性や適応能力の把握，さらには患者自身が自らの性格を知りよりよく対処していけるようになること（小俣，2000）を目的に活用されている。

B. 治療と心理的介入

　薬物療法は現在の精神科の核となる治療の1つであるが，精神療法（心理療法）はその対をなす有効な治療手段であり，場合によっては薬物療法以上に重要となる場合もある。

　すでに述べた通り，精神療法は人間同士の交流を通して症状や苦痛，さまざまな窮屈感や不自由感に介入し，患者が生きやすくなるようにサポートする（問題となっている部分を改善していく）治療法のことである。例えば，精神疾患についての理解を深めるよう説明したり，症状に対してどのように対応すべきかを伝えたり，今後の治療の見通しを伝えることもある。また，患者の訴えを傾聴することや，共感的理解を示すこと，行き過ぎた感情の発露や行動化を戒めるような働きかけをすること，患者自身が受け入れていか

なければならないことを享受することも広義の精神療法に位置づけられる。

　本項では，精神科において心理職が携わる可能性のある心理的介入について，一部紹介する（丹野，2021）。これらの方法は，個人心理面接や集団療法などのいずれにおいても実施される可能性があるが，医療機関によって大きく異なることを念頭においてほしい。

i）心理教育

　心理教育は，患者や家族に対して正しい知識や情報を心理面への充分な配慮をしながら伝え，病気や障害の結果もたらされる諸問題への対処法を習得してもらうことによって，主体的に治療に取り組めるように援助する技法である。現在の心理教育を支える理論的根拠の1つは，精神障害の発症と再発が生物学的要因と心理社会的要因の相互作用で生じるという，ストレス脆弱性モデルである。このモデルを用いて薬物療法などによってその人の生物学的な弱さ（脆弱性）を保護しつつ，ストレスへの心理社会的対処方法を実施することの重要性が説明される。また，患者が自分らしく生き生きと生活できる力を身につけられるように援助することも，心理教育の目的の1つである。

ii）認知行動療法

　アメリカのベックらが，気分障害に対する治療法として提唱しその後世界中で有効性が実証された心理療法である。日本においても各種精神疾患に対して有効性が明らかにされている。認知行動療法は，2017年から保険診療の対象となっており，2018年時点では気分障害，強迫性障害，社交不安障害，パニック障害，心理的外傷後ストレス障害，神経性過食症が適用対象となっている。現状で認められている実施者は，医師と看護師のみであるが，今後心理職も加わるのではないかと期待されている。認知行動療法の適用範囲は，海外では拡大を続けており，統合失調症や双極性障害のような精神障害にも用いられている。近年盛んになっている，うつ病の再発リスクを低減させるためのマインドフルネス認知療法は，第三世代の認知行動療法と呼ばれ，日本でも徐々に精神医療で実施されるようになっている。

iii）社会生活技能訓練

　精神的な健康は社会活動の中で実現されるが，そのためには社会生活を送るための技法（社会生活技能＝ソーシャルスキル）が必要である。ソーシャルスキルには他者との関係を築き維持するための親和的スキルと，必要な品物を手に入れたり手続きを行ったりするための道具的スキルがある。また，社会的状況でのコミュニケーションには，情報を受け取り，処理し自分の意志を表出するというプロセスがある。患者の個人目標に合わせて，習得や修正が必要なスキルやプロセスを明らかにし，集団活動の中で学習理論を用いて実施する。

6.4節 | 心理職との連携

　昨今の医療現場では，複数の医療専門職が連携しながら，一人の患者の治療にあたる，チーム医療が注目されている。チーム医療では，医師，看護師，薬剤師，管理栄養士，理学療法士，公認心理師など，さまざま職種が患者の病状に応じて関り，専門性を発揮して意見を交換しながら，治療とサポートを進めている。

　心理職が医療領域で有用な存在として機能するには，他の医療職からの役割期待を理解し，その期待に応えていくことが重要である。例えば，心理職は治療全体の方向性，互いの専門性や役割を理解したうえで，心理検査や心理面接などから得られた情報を，他職種が理解できるようにわかりやすい表現で伝えていくことが必要である。またカンファレンスでは，他職種に心理的な視点を提供することで，患者を間接的に支援することもある。このような専門職としての役割が重要である一方で，チームの中では自らにしかできないことに囚われず，自らもできることを積極的に行う姿勢も大切である。そして，重篤な疾患を抱える患者や，家族の支援で疲弊する医療スタッフを支援することも大事な業務である。

　また，総合病院の場合，心理職は診療科や病棟を超えて業務を行うことも多いため，他職種と良好な関係を築いていくことも大切である。心理職というと，医師や他職種からの依頼を待つ受動的なイメージがあるかもしれない

が，休憩室や会議の前後で，医師や看護師と患者について話をすることがコンサルテーションとなり，そこから心理検査や心理面接の依頼にいたることもある。このように，心理検査や心理面接の技術はもとより，コミュニケーション能力を備えていることも重要である（津川・江口，2019）といわれている。

さらに，医療機関にはさまざまな患者が受診するため，専門外と思われるような新たな依頼を受けることもある。これに対応することで，自らの視野が広がり，専門性の向上につながることも多い。確立しているように思える業務でも，自ら狭い範囲に限定せず，積極的に他職種からのニーズを探し，業務を広げていく姿勢も大切である（津川・江口，2019）。専門知識や技術にもとづく心理的アセスメントや心理療法が行えることはもちろんのこと，今後はチーム医療の一員として，日々進化を続ける医療技術や諸制度，法律などの情報を入手し，他の医療専門職の言葉に深く耳を傾け理解・共感し，チームの質を高めるための役割も果たしていきたい。

6.5節 | まとめ〜心理職が抱える課題と期待〜

ここまで，精神科における治療の実態や心理的ケアの重要性について概説してきた。最後に，精神科領域で働く心理職の抱える課題と期待について述べる。

わが国の現状として，心理職が不在である医療機関も少なくないが，その理由として心理職の活動が保険診療の対象ではないことが多く，経営的観点においての貢献が少ないことが考えられる。しかし，これまで本節で述べてきた通り，心理職が担う役割は小さくなく，精神科以外の領域でも患者の心理的ケアを必要とする声は高まっている。今後，保険診療の対象になる活動が増え，医療機関における心理職の雇用は増えることを期待している。

2017年には公認心理師法が施行され，わが国初となる心理専門職の国家資格「公認心理師」が誕生した。2018年度厚生労働省の診療報酬改定において，これまで明確な基準がなかった心理職の評価が，公認心理師に統一され，その後も公認心理師に関する項目が新設されたり，変更が加えられてい

る。厚生労働省は，医療保健領域において，チーム医療や多職種連携の重要な担い手として，公認心理師を位置づけていると考えられる。

今後，心理職がチーム医療の一員として活躍するためには，他職種への理解を深めることと，心理職について理解してもらえるよう行動し続けることが必要であるだろう。医療現場では，決して一人で患者のケアを完了することはなく，他職種の関わりがあってこそ治療が進み，チームで患者をサポートしていることを忘れずにいたい。

本書を通して，今後ともに働くかもしれない心理職について，少しでも知ってもらえたら嬉しく思う。そして今後，互いに助け合い協力できる多職種連携がより深まっていくことを期待している。

コラム 対人援助職のセルフケア

どの領域でも，対人援助職は専門的技術を用いて人を援助しており，職務中にはさまざまな困難を感じることがあるだろう。特に人命に関わる医療領域では常に緊張状態にあること，絶対にミスは許されないプレッシャーがありつつも，ものすごいスピードの中で臨機応変な対応が求められることなど，医療領域特有のストレスを感じることがある。また，すべての業務が予定通りに運ぶとはかぎらないこと，対応が難しいと感じている援助対象者，または同僚・上司など職場の人間関係に対する複雑な思い，プライベートでの気がかりなど，誰しもが生活の中でストレスを感じている可能性がある。このようなストレスフルな状況においては，さまざまなことに気をまわしている状態である。対人援助職の心身の状態は，その人が提供するケアの質にも関わってくることを考慮すれば，ケアをする人のケアは本人はもちろん，援助対象者にも良い影響を及ぼすだろう（大川ら，2020）。

セルフケアの前提として，自身の心と身体に意識を向け，変化に気づくことが重要である。自分が何を感じているか，体はどんな状態にあるか，無理をしていないかなど，日々のセルフケアの中で，自分の心と身体に注目する時間を作ってほしい。そして，休息をとる，生活習慣を整える，誰かに相談するなど，健康的に対処する手段を身につけることも欠かせない。ストレスを抱え込まず心身の不調に上手に対処するためにも，セルフケアを行い，自分を大切にしてほしい。

引用文献

小俣和義, 精神科クリニックにおける心理職, 東京臨床心理士会編, 医療保健福祉領域に於ける臨床心理士の課題2, 6-10, 2000.

小俣和義, 臨床心理的援助について, 外来精神医療, 7(2), 100-103, 2008.

小俣和義・川崎照子, 精神科臨床におけるインテークについて, 青山学院大学心理臨床研究, 9, 73-78, 2009.

津川律子・江口昌克編, 野島一彦監修, 公認心理師分野別テキスト1　保健医療分野　理論と支援の展開, 創元社, p.31, 2019.

加藤隆弘・神庭重信編, 野島一彦・繁桝算男監修, 公認心理師の基礎と実践22　精神疾患とその治療, 遠見書房, p.198, 2021.

下山晴彦・中嶋義文, 公認心理師必携精神医療・臨床心理の知識と技法, 医学書院, 2016.

武田雅俊・田中稔久・紙野晃人他, 精神科チーム医療のあり方とコメディカル専門職への期待, 臨床精神医学, 36(2), 125-131, 2007.

津川律子, 精神科臨床における心理アセスメント入門, 金剛出版, 2009.

参考文献

藤本修・関根友美, 精神科医の仕事, カウンセラーの仕事−どう違い, どう治すのか?, 平凡社, 2016.

国立病院機構全国心理療法士講義会監修, 野村れいか編, 病院で働く心理職−現場から伝えたいこと, 日本評論社, 2017.

丹野義彦編, 野島一彦・繁桝算男監修, 公認心理師の基礎と実践16　健康・医療心理学, 遠見書房, 2021.

大川一郎・土田宣明・高見美保, 基礎から学べる医療現場で役立つ心理学, ミネルヴァ書房, 2020.

上島国利監修, 最新図解やさしく分かる精神医学, ナツメ社, 2017.

第7章 小児科における心理臨床

　小児医療においては，疾患そのものに対する治療が重要視され，治療によって生命予後が改善している疾患が増えた一方，新たに不登校の増加や，発達に問題を抱えると診断される子どもの増加，身体的な疾患に対して治療を行っている児やその家族の心理的問題がクローズアップされるようになった。また，健康な子どもがその後も心身ともに健やかに成長・発達することができるように支援することも，小児医療の一部であることと認識されるようになった。

7.1節 医療における子ども憲章

　小児に対する医療では，治療方針が医療者や保護者によって決定され，子どもの心は置き去りに治療が開始される時代もあった。しかし，どのような子どもにも「こころ」はあり，子どもは，決して両親や医療者の所有物ではない。子どもなりに疾患を理解しようとし，自分はこうしたいという気持ちをもっている。また，自身の考えを表出することのできない子どもにおいては，保護者の考え方や信条が治療に大きく影響することがある。児童の権利に関する条約（子どもの権利条約）では，子どもは生きる権利・育つ権利をもつのに加え，健康でいて医療を受ける権利，そして自身に関係することについて自由に意見が言え，子どもの意見は発達に応じて十分に考慮される権利をもつことが明記されている。また，2022年，日本小児科学会から医療における子ども憲章が発表され，どの子どもにおいても必要なことを教えてもらい，自分の気持ちを伝える権利をもつことが明記された（**図7.1**）。

図7.1　日本小児科学会　医療における子ども憲章（日本小児科学会, 2022）

A. 子どもは日々成長・発達している

　子どもは成長・発達の途上であるが，病気をもつ子どもにおいてもそれは同じである。成長とは，体重や身長のように量として評価ができる形態的に大きくなる変化であり，発達とは知能や感情が機能的に高度になる変化である。また，成長と発達を合わせた概念が発育であり（小林，2001），そのペースに個人差があったり，中には逆行することがあったりするが，療養中の子どもであっても変わらない。

　乳児期より長期に小児科病棟に入院する児においては，体が徐々に大きくなり，寝返り → お座り → つかまり立ち → 歩行と運動発達が進む姿を見ることがあったり，言葉が徐々に増加し，会話ができるようになったりする。子どもは，子ども自身がもつ能力と，子どもを取り巻く環境との相互作用で発育するため，病気をもつことで遊ぶことを制限されたり，苦痛を伴ったりする環境がどれほど成長・発達に影響を及ぼすかは計り知れない。**子どもにとって遊びは成長・発達の原動力**となるが，療養中の子どもは遊びに制限がかかることがしばしばある。その制限がある中で，自主的に遊びを生み出している子どもたちもいて，逆境でも力強く成長・発達する能力を備えていることを感じる。支援者は医療が必要な場合も子どもたちの成長・発達に視点をおくことが重要である（**図7.2**）。

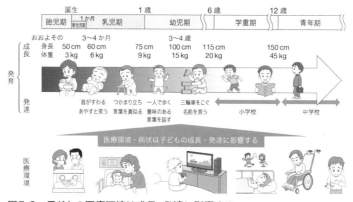

図7.2　子どもの医療環境は成長・発達に影響する

B. 子どもとその家族

　病気の子どもの家族も，心理的問題を抱えることが多い。特に先天性疾患の場合や，生命の危険がある病気の場合，慢性疾患のため長期の入院や在宅治療が必要な場合は，家族全体の生活が大きく変化する。

　親は子どもが病気になったことに対する罪責感をもつことが多い。「どうして自分の子が病気になったのだろう？」「あの時こうしていれば病気にならなかったのではないか？　自分のこの行動が原因ではないのだろうか？」と，とめどなく溢れてくる思いに翻弄されることがある。そして，「私がなんとかしなければいけない」「子どもにとってこの治療が本当に最善なのだろうか？もっといい治療はないのだろうか？」と，焦りが強くなる親も多い。反対に，子どもが病気をもつことによって，親自身が活動を制限しなければならないことで，子どもに対する疎ましい気持ちが出てくることもある。そして，その気持ちを医療従事者に表出できないことも多い。

　きょうだいが抱える心理的問題は親とは違う側面をもっている。きょうだいが病気をもつことで，純粋に「かわいそう」という気持ちや，長期入院の場合は「遊べなくなって寂しい」という気持ちが多い。しかし，きょうだいを思う気持ちと同時に，親が病気の子どもに目を向けることが多い中で，自分を見てくれないという疎外感を感じることもある。親が付き添いとして長期に自宅を離れることも多く，家族が分断される。病気の子どもが，入院や治療によっていつも通りの生活ができないことは納得ができて受け入れられやすいが，そのきょうだいがそれまでと同じ生活ができず，家事等を負担しなければならなくなる事態は受け入れ難い（**図7.3**）。病気になったきょうだいに対して妬ましい気持ちや，親に対する怒りの気持ちが出てくることがある。佐藤ら（2009）はきょうだいの良好な適応のためには，情報提供と情報共有という2つの側面をふまえたうえでの，継続的な説明とその評価が必要だと述べている。

　治療を行う医師や看護師も，親やきょうだい，祖父母を含めた家族の気持ちに関心を寄せることに加え，直接治療行為を行わない臨床心理士，公認心理師をはじめとする心理職がその言葉に積極的に耳を傾け，家族全体を包括的に支援する姿勢を示すことが重要である。

図7.3　分断される家庭

C. 教育の継続

　子どもは小学校，中学校等に通学し，教育を受ける権利をもっている。ただ単に知識を得るだけでなく，通学しながら他者との関係性や，社会性を学ぶ。それは，入院中も継続できることが望ましく，長期入院の場合は体調に合わせて病院内に設置されている院内学級に通うこともある。治療中の子ども同士が同じ時間を共有することで，孤独感から解放され，学びの楽しさ，会話をしたり遊んだりする楽しさを感じて子どもらしい表情となる。治療中の子どもであっても，大多数の子どもが院内学級登校を楽しみにしている。また，退院後はなるべく早く通学ができるように配慮する必要があり，学校と病院が連携することが重要である。

　高校は小学校や中学校と違って義務教育ではないため難しい側面がある。治療のため休学して次の学年と学ぶことや，オンラインでの学習を継続するなど，子どもにとって最適な方法を子ども自身が選択できるように，病院が学校と連携していく必要がある。

D. 医療処置における苦痛

　病気の子どもになされる医療処置は，痛みを伴うことも多い。たとえ痛みを伴わない検査や治療も，「何かされる」という恐怖を伴う。通常，子どもの年齢や必要性，重要性を考えて検査や治療は選択され，極力子どもに負担がかからない方法で行うことが考慮される。例えば，骨髄穿刺は血液腫瘍を疑う場合は必須であり，大人では局所麻酔で意識があるなか行うことが多いが，子どもにおいては鎮静薬を投与して眠った状態で行うことが多い。幼少

期の痛みの経験は，痛みの知覚を処理する神経回路を変化させることがわかっている（Ruda et al., 2000）。言葉を話せない赤ちゃんにおいては，痛みへの対処が忘れられがちであるが，新生児の痛みに関連するストレスが，生後早期から学童期までの脳の微細構造に影響することが報告されている（Brummelte, 2012）。苦痛を伴う治療・検査を行わなければならない場合，なるべく苦痛が少なく，かつ苦痛な時間が短くすむようにしなければならない。さらに，苦痛を伴うことに対して，子どもはその行為を行う医療者に対して嫌悪感や恐怖，自身の無力感を感じることも多いが，親や医療者から「仕方がないこと」と言われ，自身の気持ちが理解されないと感じることもある。医療行為を行わない心理職は，直接苦痛を与える立場ではなく，子ども自身の思いをそのまま受けとめられる唯一の存在となることもある。

　また，痛みを伴う検査や治療に，我が子が泣くのをじっと聞いている親の気持ちにも目を向ける必要がある。「自分が代わってあげることができるなら代わりたい」と話す父や，涙ぐんで子どもを抱きしめる母もいる。どの親も，痛みを感じる子ども以上に心に痛みを負っている。

コラム　部屋の外で待っている親の心

　筆者が研修医として小児科病棟で働きはじめて少し経ち，採血や点滴のルート確保などの手技に慣れて，それまでの緊張感を忘れていたころであった。当時は，処置中に親は処置室の外で待っていてもらうことが普通であった（現在は一緒に入ってもらうことも多い）が，処置室内は不安で泣き叫んでいる子どもがいる中で，スタッフ同士談笑しながら処置をスムーズに進めていた。私自身はスムーズに進んだ処置に満足していたが，いつの間にか，そこに普段は温和な指導医が厳しい表情で立っており，一言「部屋の前では親が子どもの様子を心配して待っています」と私に伝えた。私はハッとした。子どもが泣いている中，スタッフの笑い声がすることに対して，親はどんな気持ちで待っているのだろう。その場面は20年以上経った今でもはっきり覚えている。そして，母になった今，自身の経験を通して自分の過ちを痛感している。痛みを伴う処置，治療を受ける子どもの親にも，多くの思いがある。

　子どもの診療においても，大人と同様にインフォームドコンセントは必要不可欠である。患者は疾病について十分な説明を受け，それを理解したうえで，検査や治療を選択したり，同意，拒否したりする権利をもっている。小児医療では，子どもが理解をして自己判断できるようになるまでの間，インフォームドコンセントの対象は保護者となるが，前述のように発達状況に配慮しながら，子どもに対しても適切に説明し，同意を得る努力が必要である。谷川らは，保護者に対するインフォームドコンセントには，基本的なものと小児医療に固有のものがあるとしている（**表7.1**）。

　医師からの説明は，時に難しくなってしまうことがあり，その場の雰囲気で親が質問できないこともある。その際，より患者側に近い心理職が親の理解度を感じ取りやすく，寄り添える場合も多い。

表7.1　保護者に対するインフォームドコンセント（谷川ら，2015）

基本的な インフォームドコンセント	小児医療に固有な インフォームドコンセント
1. 病名 2. 病態 3. 治療の目的と内容 4. 予測される副作用 5. 治療の成功確率や予測される障害の程度 6. 療養期間の見通し 7. 代替治療法の存在 8. 治療を受けなかった場合に予測される結果や不利益	1. 子どもの入院や検査に伴って危惧される心理的苦痛と身体的苦痛 2. 活動制限の有無 3. 成長・発達に及ぼす影響 4. 基本的生活習慣の自立に及ぼす影響 5. 社会的な刺激の低下とその弊害 6. 1〜5を予防するためのケア 7. 臨床心理士やソーシャルワーカーによる心理社会的支援の紹介と利用方法

F. 感染予防と事故予防

　子どもの医療環境では感染予防と事故予防が特に重要である。子どもは，大人と比べるとウイルス性の疾患など感染症に罹りやすい。そのため，病棟内の感染症流行予防のために，感染源となりうるきょうだいは面会が不可という施設が多い。また，外来治療中の子どもにおいても，本人の免疫能を考

慮して，感染予防の観点から商業施設に行くことや旅行，保育園通園，通学が可能かどうかを判断する。また，子どもは身体的な距離感を保つことが難しいことも多々あり，心理面接等で接する場合も，状況に応じてマスクを着用することや，十分な手洗いが必要となる（**図7.4**）。

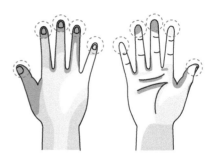

■ 最も不十分になりやすい部位
■ 不十分になることが多い部位
■ 不十分になることが少ない部位

図7.4　手洗いが不十分になりやすい部位

そして，子どもは時に思いもよらない行動をすることがある。親との会話が盛り上がり，子どもに注意が向いていない時など，ふとした瞬間に事故は起こる。始終事故予防に気を付ける必要があり，心理療法中であっても，子どもの安全が最も優先されることを忘れてはいけない。

G. 求められていないが，積極的に関わる必要性

大人の場合，心に問題を抱える本人が心理的支援を求めることも多いが，小児医療において，虐待予防のためや，病気の子どもやその家族に効果的に心理的支援を行うためには，むしろ必要としないと示しているところに積極的に関わっていく必要がある。それは，支援を求めてくる場合よりも，困難な関わりとなることが多い。関わりの初めは，子どもから「何をされるのだろう」と怖がられ，顔を合わせることすらできないこともある。また，親からは「私たち，虐待を疑われているのかしら？　何か評価されているのかしら？」と思われ，気持ちが語られるまでに時間を要することもある。しかし，時間をかけて対応を続けることでそれらは解決されることが多い。

H. 先天性疾患をもつ子どもの誕生

自身の子どもに先天性の疾患があると判明した時，親はどのような思いをもつだろう。この予期せぬ状況は，家族に大きなショックを与える。子どもが母のお腹に宿ったとわかった時，多くの親は健康で何ひとつ異常がない子

どもの誕生を思い浮かべる。しかし，先天性疾患をもって生まれてくる出生児の割合は3.0〜5.0%とされており，決して少なくはない。現在は医療の進歩により，胎内で診断される場合も増加したが，出生と同時に判明することや，乳児期になって診断されることもある。ショックを受けてから，受容するまで，親にはさまざまな葛藤がある。ドローターらは，先天奇形がある子どもの誕生に対しての親の反応は，ショック，否認，悲しみと怒り，適応，再起の5段階を経ると報告した（**図7.5**）（Drotar, et al., 1975）。

　この5段階の過程は，小児医療において頻繁に経験するが，親によって，それぞれの時間には幅がある。また，新たな合併症が判明するなどで，後戻りすることもある。時には怒りを医療者に向けられることもあるが，支援者は，それぞれの段階が存在することを理解し，次の段階に促すのではなく，親自身が変化していく過程に寄り添う姿勢が必要である。

　先天奇形の疾患の中には，転座型のダウン症のように遺伝相談が必要な場合がある。父もしくは母が原因を有している場合や，父と母の遺伝子の組み合わせにより発症する疾患において，遺伝子を調べることで遺伝的な責任がどこにあるかが判明し，父・母だけでなくきょうだい，さらには家系全体につながる問題となることがある。遺伝に関する検査は，家族の関係性に影響を与える可能性について十分配慮したうえで，事前にしっかりと説明をし，

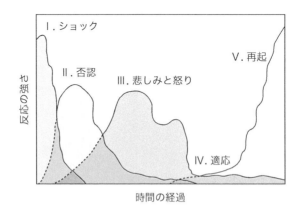

図7.5　先天奇形をもつ子どもの誕生に対する両親の正常な反応経過の仮説的モデル（Drotar, 1975）

家族が理解し，希望した場合に行う必要がある。遺伝カウンセリングについては，臨床遺伝専門医や認定遺伝カウンセラーなどの認定制度があり，トレーニングを受け，専門性をもった医師，カウンセラーが心理的配慮をしながら専門的なカウンセリングを行うことが望まれる。

コラム　子どもに申し訳ないと思う母

　小児科での1ヶ月健診に，顔に大きな母斑（アザ）がある児とその母親が来院した。母親は特に困ったことはないという様子で，母斑に関しても形成外科で今後の治療を相談中だと語った。診察も終わりに近いころ，「お母さん，出産の時びっくりされたのでは…」と言いかけたところ，母の目から大粒の涙が溢れた。気丈に振舞っていた母ではあるが，悲しむことは子どもに申し訳ないと思っていたとのことだった。先天奇形は，胎内診断つくものも増加したが，アザのように出生時に判明する疾患も多くある。親の反応はさまざまであるが，それぞれ受容できる過程に寄り添うことができればと思う。

I. 虐待の早期発見と予防

　小児科における日常診療では，常に虐待の早期発見や予防に配慮している。青あざがあった場合や，親子の行動に違和感をもった場合など，日頃より家族と対話をもっていることで，虐待の可能性や今後のリスクについて的確にアセスメントすることができる。一方，虐待の早期発見ばかりを念頭に接すると，家族はいつも疑われているのではないかと疑心暗鬼となる。また，子どもを傷つけている親は，大なり小なり罪の意識をもっており，医療者に対してはそれを覆い隠そうとすることも多い。日頃の小児科診療において親自身の語りを促し，自身の行動を客観視できるように支援することで，虐待の予防につながる。親の子育てには，親自身の受けた育児体験が影響し，愛着パターンは世代間伝達する（渡辺，2000）とされるが，その負の連鎖を断ち切るためにも，日常診療での心理職の存在が必要である。

J. 公的支援，各種手帳について

　小児科診療に関して特に中心となる公的支援を示す。他にも利用できる制

度があり，支援内容が変更となることもあるため，都度確認が必要である。

①**小児慢性特定疾患**　疾病の治療方法の確立と普及，医療費の負担軽減につながるよう，医療費の自己負担分を補助する制度。

②**乳児医療費助成制度**　子どもの通院や入院で発生した医療費の自己負担額を市区町村が助成する制度。市町村によって対象年齢や所得制限，支給方法が異なる。

③**特別児童扶養手当**　20歳未満で精神又は身体に障害を有する児童を養育している父母等に支給される制度。各障害に応じて認定基準があり，所得制限がある。

④**身体障害者手帳**　身体に一定以上の障害がある者に対して，都道府県知事，指定都市市長または中核市市長が交付する。障害の種類別に等級が定められ，福祉サービスの割引や税の控除を受けることができる。

①〜④については，基本的に医師の診断書が必要となる。

⑤**療育手帳**　児童相談所または知的障害者更生相談所において知的障害と判定された者に対して交付される。障害者総合支援法に基づく障害福祉サービスや，各自治体や民間事業者が提供するサービスを受けることができる。

⑥**母子手帳**　妊娠が判明したら，市町村で母子手帳の交付を受けるが，妊娠中からの多くの情報が記載されることになり，小児科診療においては大きな役割をもつ。

⑦**訪問事業**　出生後4か月以内に市町村の保健師や助産師が家庭に訪問する乳児家庭全戸訪問事業（こんにちは赤ちゃん事業）や，養育上必要と認められる未熟児の保護者に対して，県の助産師や保健師が家庭を訪問して保健指導を行う未熟児訪問指導がある。

⑧**乳幼児健診**　生後2週間（母を対象に補助），1ヶ月，3〜4ヶ月，6〜7ヶ月，9〜10ヶ月，1歳，1歳6ヶ月，3歳で行われることが多く，自治体によって病院・クリニックで受けるための費用の補助が出たり，集団健診の場が提供されたりする。身体の異常の有無の確認や発達状況の確認に加えて，家庭環境や親の不安の把握，保健指導などが行われる。

心理職がこれらの制度を把握したうえで支援にあたると，より具体的な提

案が可能となる。

コラム　申請をしたくない親の気持ち

　小児慢性特定疾患や身体障害者手帳，療育手帳に関して，認定されることで利用できるサービスなどが増加しメリットがあると思われるが，申請を躊躇する親も多い。親からは，「この子が障害者だと決められるのが嫌だ」や，「この診断名をずっと背負っていかなければならないですよね」という言葉が聞かれる。祖父母に知られたくないことや，世間に障害があることを知られたくない気持ちも語られる。親が自身で選択できるように，認定された場合のメリットを話し，不安に寄り添うように心がけている。数年経ってから「申請したいです」と申し出ることもあり，それまでに親にはさまざまな葛藤があったのだろうと想像する。

K. 小児医療での多職種連携

　小児医療では成長・発達の途上であり，多くの視点から療養環境を考える必要がある子どものために，それぞれ専門性をもった多職種連携が重要である。まずは診断や治療は医師や看護師が中心となって行うが，病院内だけでなく病院外との連携により子どもと家族を見守っていく。心理職は，子どもと家族への直接的な心理的支援だけでなく，必要時には子どもや家族の心理状況を医師，看護師に伝え，相互の架け橋となる役割や，各機関との連携をコーディネートする役割が求められている。

7.3節　小児医療における心理職の役割

　小児医療において，子どもとその家族に対して行う心理的アセスメント，心理療法，そしてコーディネーターとして心理職者に寄せられる期待は大きい。各所における心理職の役割と，詳細は省略したものの知っておいてほしい主な疾患を示す。各疾患に特徴があり，焦点となる心理的問題も異なるため，それに関わる心理職者は各疾患において別途学習することが望ましい。

A. NICU（新生児集中治療室）

　NICUには，予定よりも早く生まれた早産児，胎内もしくは出生時に問題があり医療を必要とする児，先天異常をもって生まれてきた児などが入院している。妊娠発覚時には思いもよらなかったことであり，出産直後に母子は引き離され，慌ただしくNICUに児が入院する。その後長ければ数ヶ月にわたって入院が継続することもある。保育器の中で小さな体に複数のモニターや点滴ルートがつき，挿管チューブが挿入され呼吸器がつながれている姿をみると，母は重大な事態だと認識し，「私が元気に産んであげられなかった」と責任を感じることや，今の状況に自分は何もしてあげられないという無力感に襲われる。小さな我が子に会うことすら，拒否する母もいる。心理職は，母をはじめとした家族と子どもの出会いの場面を共有することからはじめる。赤ちゃんの様子を母と一緒に観察し，母から言語的，もしくは非言語的に表出する思いを受け止める。求められていない場合や拒否される場合もあるが，その気持ちを理解したうえで，関わるスタッフと連携しながら接していく。ただ一緒にいて，時間を共有することにも意味があり，家族と子どもがより安定した関係性を築いていけるように，継続して寄り添う。厚生労働省が定める周産期医療体制整備指針には，「臨床心理士等の臨床心理技術者を配置すること」と明記されており，全国の総合周産期母子医療センターにおいて心理職者が活動をしている。

> 疾患：早産児，低出生体重児，脳室周囲白質軟化症，未熟児網膜症，新生児慢性肺疾患，新生児仮死，低酸素性虚血性脳症，染色体異常（21トリソミー〈ダウン症候群〉，18トリソミー，13トリソミーなど）

B. 小児科病棟や外来において

i）小児科急性期病棟

　小児科急性期病棟での入院は，感染症によるものが多い。また，慢性疾患をもつ子どもの急性増悪時などにも対応する。数日で退院することも多く，心理職が密に関わることは少ないが，外傷等で入院し虐待を疑う場合

など，家庭状況の確認や心理状態のアセスメントが必要なことがある。

疾患：肺炎，気管支炎，胃腸炎，気管支喘息発作，アナフィラキシー，外傷（骨折，裂傷，打撲），川崎病

ii）小児慢性疾患
①アレルギー疾患・自己免疫疾患：子どもの気管支喘息やアトピー性皮膚炎は，治療薬の発展により，日頃からケアをすることで大きな増悪なくコントロールできることが多くなった。また，年齢を経るごとに改善することも多い。しかし，家庭状況に問題があり治療が適切に継続できない場合，気管支喘息発作をくり返すことや，湿疹が全身に広がったり，栄養不良に陥ったりすることもある。その場合，家庭環境を十分に把握したうえで，地域の保健師，保育園，幼稚園，小学校と連携して治療にあたることがある。また，膠原病など自己免疫疾患は，さまざまな器官に症状が出ることがあり，長期的な治療が必要となる。ステロイド内服や免疫抑制剤を内服することが多く，ムーンフェイス（満月様顔貌）や中心性肥満，多毛といった副作用に対して，特に思春期の子どもは悩む。治療が必要なこととは理解していても，副作用が嫌だということに，共感的理解を示す必要がある。

主な疾患：気管支喘息，食物アレルギー，アトピー性皮膚炎，全身性エリテマトーデス，皮膚筋炎，若年性特発性関節炎

②消化器・肝臓疾患：潰瘍性大腸炎やクローン病は，発症すると長期間の療養が必要となる。特に成長途中の子どもは，治療中においても成長していけるように配慮しなければならない中で，病状悪化を防ぐために食事に配慮が必要である。周囲の友だちと同じものが食べられないことや，体調の変化により通学に支障が出ることも多い。思春期を迎えた児では，下痢などの症状を伝えるのを躊躇する様子もある。通学が困難になる場合もあり，子どもの気持ちに寄り添い，各方面と連携して見守ることができるように，コーディネートする存在が必要である。

疾患：潰瘍性大腸炎，クローン病，肝炎

③腎臓疾患：腎臓疾患も，長期に治療が必要なものが多い。特にネフローゼ症候群では，再発をくり返し，入退院を頻回に経験している子どももいる。治療にはステロイドや免疫抑制剤を使用することが多く，他疾患と同様にその副作用が心理的負担となることが多い。

疾患：ネフローゼ症候群，IgA腎症

④循環器疾患：子どもの循環器疾患は，先天性心疾患が主である。出生後すぐに診断されるものや，健診等で発見されることもある。現在胎内診断が進んだことで早期に治療が受けられることや，内科的，外科的治療の進歩などで，多くの循環器疾患の子どもが通常の生活を送ることができている。ただし，出生後早期に手術となり母と離れた入院生活が長くなる場合や，手術痕が残ることも多く，機能的には他の子と同様になったとしても，子どもやその家族が心理的問題を抱えることがある。また，少数ではあるが，自宅で酸素吸入が必要なことや，運動に制限がかかる場合もあり，個々の状況に応じた支援が必要である。

疾患：心室中隔欠損症，心房中核欠損症，動脈管開存症，大血管転位症，ファロー四徴症

⑤血液・腫瘍性疾患：子どもの悪性腫瘍は，血液腫瘍が約半数を占めており，脳腫瘍，神経芽細胞腫と続くが，年齢によって好発腫瘍も異なる。治療は多くのもので化学療法が中心となり，外科的治療も行われる。そのため，数ヶ月から1年近く入院治療が必要となる。化学療法は脱毛や嘔気，嘔吐，骨髄抑制（白血球や赤血球，血小板が作られなくなる）など副作用が強い治療であり，厳重に全身管理を行いながら進める。幼少期の子どもは多くの場合両親が付き添いとなる。診断され説明を受けた時，親は子ど

もの危機的状況に心が大きく揺さぶられる。1回の説明では，十分に理解できないこともあり，将来の展望なども含めて複数回説明をくり返す。子どもには，治療に自身で取り組んでいけるように，子どもの発達を考慮しながら病気について説明する。親は子どもの危機的状況から好きなものを買い与え続けたり，子どものいいなりになったりすることがあるが，退院後にそれまでの通常の生活に順調に戻ることができるように，入院中もかわらず良好な親子関係が築けるように配慮する。

　多くの子どもが元気に退院し日常生活に戻っていくが，残念ながら亡くなるケースもある。終末期では，子どもも大人と同様に，苦痛を緩和することが重要で，残されている時間をどのように過ごすのか家族と話し合う。子どもと家族に寄り添い，丁寧なコミュニケーションをくり返すことにより，家族の不安に対応する。

疾患：急性リンパ性白血病，急性骨髄性白血病，悪性リンパ腫，神経芽細胞腫，骨肉腫，横紋筋肉腫

⑥神経，筋疾患：神経疾患のうち，てんかんは比較的有病率の高い疾患である。てんかんはけいれんや意識障害を起こすことがあり，発作の種類に応じた抗てんかん薬を内服することが多い。発作は目に見える異常であり，人前で起こることは本人にとっても周囲にとっても心に衝撃を与える。

　デュシェンヌ（Duchenne）型筋ジストロフィーのように徐々に機能が失われる疾患もある。子どもの一度備わった運動機能が退行していくことは，家族にとって耐えがたいものである。脊髄性筋萎縮症も発症すると筋力低下が起こる疾患であるが，近年治療法が開発され，早期発見により予後が期待できるようになった。神経・筋疾患の中には原因となる遺伝子異常が判明しているものもあり，診断時には遺伝相談が必要なこともある。

疾患：てんかん，ウエスト症候群，デュシェンヌ（Duchenne）型筋ジストロフィー，脊髄性筋萎縮症

⑦発達に問題を抱える児：小児科では自閉スペクトラム症（ASD）や注意欠如・多動症（ADHD），学習障害（LD）の児も通院する。乳児健診で発達がゆっくりであることや，目を合わせないなどコミュニケーションの障害を指摘され，要精査として小児科受診となり，継続して診ていくうえでこれらの診断に至ることも多い。また，低出生体重児（多くは早産児）では，乳児期から幼児期の運動や言語発達がゆっくりとなるリスクがあるが，通常の発達検査で異常がない場合でもASD，ADHDの特徴の一部分をもち合わせた特有の神経発達症がみられることがある。心理職は，知能検査や発達検査を含めた心理検査を行うことや，子どもたちの社会的環境を確認してアセスメント役割を担う。小児科においては，器質的な異常がないことを確認し，リハビリテーションや療育，心理面接などを通して発達を見守っていく。また，児童精神科と連携することも多い。

疾患：自閉スペクトラム症（ASD），注意欠如・多動症（ADHD），学習障害（LD）

⑧重症心身障害児（者）病棟と外来での医療的ケア児の支援：医療が始終必要な状態の医療的ケア児は，継続して入院しケアを受ける場合と，在宅で家族や医療・福祉サービスを利用しながら過ごす場合がある。

　自宅で過ごす医療的ケア児には，在宅酸素療法が必要な状態で帰る児や，呼吸器をつけ定期的な吸引が必要な場合，夜間に定期的に体の位置を変更したり，オムツ交換が必要だったりする場合もあり，家族の負担は大きい。

　在宅の生活にスムーズに移行できるように，入院中からスタッフが協力して支援し，各所と連携することが必要となるが，心理的支援のため心理職は特に重要な役割をもっている。

⑨こころの診療：腹痛や頭痛など，身体に不調を来して受診する子どもに対して，さまざまな可能性を考えて診察や検査を行ったものの，原因となるような身体的異常が見つからない場合がある。医師より「異常はありません」と説明されると，子ども，親ともに安心する場合もあるが，かえっ

て「では，この痛みはなに？　何もわかってもらえない」と不信感を募らせることも多い。心理的な問題の可能性が高い場合においても，原因となる器質的異常がないかどうかを常に念頭に置きながら，小児科においては，本人の辛い気持ちに寄り添い，共感の態度を示すことが重要である。

　また，原因はこころにあると理解した子どもと家族においても，すぐに精神科に受診することはハードルが高いことがあり，小児科であれば受診しやすいという場合がある。いずれ精神科で診療となる場合も，心理職が継続して寄り添うことでスムーズに移行できる。

コラム　家族全体を支える小児医療

　筆者が研修医のころ，多くの医療的ケア児が受診したり入院したりする場合は母親が付き添っている場合が多く，父親の気配すら感じないことも多かった。きょうだいがいず，離婚していることも多かった印象ももっている。しかし，近年外来では父親の姿をよくみかけ，医療的ケア児と妹や弟が連れ立って受診する姿をよくみる。私の恩師である小児科医の伊藤進先生は，「子どもに障害がある場合，必ず次の子のことも含めて家族全体のことを話すんだ。病気の子どもだけに目がいくのはいけない。家族全体の幸せを考えるのが我々の仕事」と言っていた。小児医療は，病気をもつ子どもだけでなく家族全体を支える医療である。

引用文献

Brummelte, S., Procedural pain and brain development in premature newborns, *Ann Neurol.*, 71, 385-396, 2012.

Drotar, D. et al., The adaptation of parents to the birth of an infant with a congenital malformation: A hypothetical model. *Pediatrics*, 56(5), 710-717, 1975.

小林登, 子ども学, 日本評論社, 1999, p31-33.

日本小児科学会, 医療における子ども憲章, 2022.
　https://www.jpeds.or.jp/modules/guidelines/index.php?content_id=143

Ruda, M. A. et al., Altered nociceptive neuronal circuits after neonatal peripheral inflammation, *Science*, 289, 628-631, 2000.

佐藤伊織, 上別府圭子, 小児がんを持つ子どものきょうだいに対する「情報提供」と「情報共有」〜きょうだいへの説明に注目した文献レビュー〜, 小児がん, 46(1), 31-38, 2009.

谷川弘治, 駒松仁子, 松浦和代, 夏路瑞穂, 病気の子どもの心理社会的支援入門　第2版, ナカニシヤ出版, 2015.

渡辺久子, 母子臨床と世代間伝達, 近剛出版, 2016, p17.

第 8 章

心療内科からみた心理臨床とその意義

　心理職が主として担当すると想定されるカウンセリングでは，患者（クライエント）は何か心理的な問題を抱えており，しかもそれを自覚している。例えば，何か不安がある，心配事や悩み事などがある，気分が優れない，自分自身の性格が気になるなどで，その原因は職場や学校での問題，家庭での問題，あるいは自分自身の問題などが挙げられる。

　心療内科では，これに対して，身体的な訴えが中心となる。心療内科が主として対象としている心身症は，「身体疾患の中で，その発症や経過に心理社会的因子が密接に関与し，器質的ないし機能的障害が認められる病態をいう」と定義されており，身体疾患，すなわち身体症状があることが前提となっている。このために，心療内科診療では心理的な問題はカウンセリングの場合と異なり，身体症状の裏に隠れているといえる。したがって，心療内科を受診する患者については，まずは本人には意識されていることが少ない心理的問題を探り当てることが必須のプロセスとなる。

　加えて，心療内科の臨床現場では，次に述べる不安や抑うつの身体症状で受診するケースが少なくないため，その病態についてもしっかり見極める必要がある。

8.1節　心療内科に受診する可能性のある疾患

A. 心身症

　これは第1章1.2節で詳しく解説されているとおり，心療内科での主たる診療対象となる。上記の心身症の定義にある「心理社会的因子」のうち心理的因子には，不安や心配・悩み事，経済的問題，人間関係など種々のストレス，などが挙げられる。社会的因子としては，職場や学校でのストレス，コミュニティにおけるストレス，また，家庭でのストレスも少なくない。

気管支喘息は心身症としての対応が必要な代表的疾患の1つである。気管支喘息は大きくアトピー型と非アトピー型に分けられるが，いずれにせよアレルギー素因が関与して発症することには変わりがない。関与する心理的因子としては，家庭では嫁－姑問題からくる心理的負荷，会社や学校での人間関係から生じるストレス，仕事上の悩み，将来に対する不安，経済的不安，近隣住民とのストレス，等々広範に渡っている。どの因子が気管支喘息の発症や経過に重要な影響を与えているかを把握するためには，身体症状の聴取と並行して広く社会生活面での最近の変化などを聴き取ることが不可欠となる。そのようにして，心→身への「心身相関」に患者自らが「気づく」ことが治療の第一歩となる。

　他の代表的心身症としては，本態性高血圧症，胃・十二指腸潰瘍，潰瘍性大腸炎，甲状腺機能亢進症，関節リウマチおよびアトピー性皮膚炎が挙げられ，これに気管支喘息を加えた7疾患が7 holy diseasesとして知られている（Alexander, 1950）。これら以外にも過敏性腸症候群，機能性ディスペプシア，慢性頭痛，神経性食思不振症などの機能的疾患は多かれ少なかれ心理的因子が関与している可能性があり，身体的治療に加えて心理的な配慮を必要とする。近年では，糖尿病，高血圧や肥満症などの生活習慣病も特に行動面の問題から心身症として捉えようとする見方が広まっている。

B. 神経症（不安障害）

　不安が病態の骨格となる。不安は「現実的不安」と，「漠然とした不安（floating anxiety）」とに大別される。前者は文字通り，現実に即した不安であるのに対し，後者は不安の対象が漠然としており，「何となく不安」と表される。従来の「不安神経症」はこの漠然とした不安を訴える状態である。

　不安障害には自律神経症状を伴うことが多い。よく見られる症状としては，動悸，発汗，息切れ（息苦しさ），頭痛，吐き気，震え，筋緊張などが挙げられる。これらの症状があり，身体的な異常所見（心電図異常や胸部X線異常など）が見られなければ，不安の存在を疑う必要性がある。

C. うつ病

　うつ病は身体的愁訴の訴えで受診することが多い疾患である。そのため，初診時は精神科でなく，内科や心療内科を受診することが少なくない。うつ病は，心や身体のエネルギーが低下した状態とされる。身体的愁訴としては，食思不振，全身倦怠感，便秘，不眠などが高頻度で見られる。精神症状としては，抑うつ気分，興味関心の低下，集中力困難，やる気のなさ，活力の低下，自責感などが見られ，やや進んだ状態では死にたい気持ち（自殺念慮）が見られることもある。

　うつ病を疑ううえで感度の高い症状は，興味関心の低下であり，全身倦怠感や食思不振を訴えてきた患者に，「以前楽しめていたことを，今は楽しいと思わないか」と質問することでうつ病の診断に近づくことができる。

D. パニック障害

　典型的には，車の運転中などに突然強い不安発作が出現し，死んでしまうのではないかというような恐怖感に襲われる状態である。動悸や過換気を伴うことがあるため，救急外来や循環器科を受診することが少なくない。持続するストレスが誘因となることもあるが，何ら誘因なく発症することもある。デパートやショッピングセンターなど広い空間で恐怖心が出現する「広場恐怖（agoraphobia）」を伴うことがある。

E. PTSD（post-traumatic stress disorder）：心的外傷後ストレス障害

　大きな事故や，過酷な自然災害，また戦争体験などのトラウマ体験に遭遇した後に，その出来事に関する詳細なイメージが蘇ったり，恐怖感がフラッシュバックしたりする状態である。このためにその出来事を思い出させるようなきっかけとなるものを避けるようになる。睡眠障害や集中力低下が見られたり，神経過敏やイライラが生じたりする。

F. 身体表現性障害／身体症状症

　かつて日本では「不定愁訴」と言い習わされてきた病態である。近年欧米

ではこのような病態をMUS（Medically Unexplained symptoms）と呼称するようになり，その発症頻度や発症メカニズム，および治療法について数多くの報告がなされている。日本でもようやくその概念が理解されてきているが，まとまった研究論文はまだ少ない。

　米国の精神疾患診断基準であるDSM-IVでは，このような病態を身体表現性障害（somatoform disorders）としていたが，DSM-5では，身体症状症（somatic symptom disorders）と改訂された。これは医学的に説明できない症状のために精神的に多大な苦痛を生じる病態を総称している。

　これらのプライマリ・ケアの場での頻度は，欧米では15〜30％に上るとされているが，筆者らが香川県を中心として行った初診患者の頻度調査（岡田ら，2021）では，開業医での頻度は10％以下であった。一方，総合病院や大学病院での頻度は30〜50％と高頻度であった。これは特に欧州ではプライマリ・ケアはかかりつけ医制度を採っているのに対し，日本は基本的にはフリーアクセス制であるという医療制度の違いが大きく関わっているものと推察される。日本では，自分でも不可解な症状だと考えた際に，開業医などを経由せずに総合病院などに受診することは可能で，そこで必要な検査を受けることができる。すると少なくとも症状を説明することができる身体的な異常はないということを保障してもらうことができる。この結果，MUSを有する患者の中で一定数はそれで安心を得ることができる。しかしながら，かかりつけ医制度を採っている国々では高度な検査施設を有している医療機関には簡単には受診できず，かかりつけ医の所にこのような患者が留まることになり，医師の疲弊をもたらしているとされる。他方，このような事情が欧米と日本とのMUSについての論文数の大きな差になっていることもまた事実であろう。

　MUS患者は元々「医学的に治す病態」がないために，治療に難渋することが多い。従来の医療モデルは，医学的な原因→病気（症状）というものであるが，MUSではこのモデルが当てはまらない。丁寧な診察や必要な検査をした後に，医学的な原因がなくても症状が起こりうるということを説明し，ある程度症状と共存してゆくという対応が必要となる。

A. 初診時の面接（インテーク面接）

i）心身症患者の特徴

心身症患者の面接を行うにあたっては，まず心身症患者の特徴を知っておく必要がある。

1つは失感情症（アレキシサイミア；alexithymia）である。アレキシサイミアは精神分析家シフネオスが提唱した概念（Sifneos, 1972）で，自分の内面の感情を認知することや言語化することが苦手という特徴をもっている。そのため，面接においても，それまでの経過について事実は淡々と述べるが，生き生きとした感情が伴わないものとなる。心理テストにおいても，一見正常範囲の結果が得られることもあるため，注意が必要である。

もう1つの特徴は，過剰適応である。神経症患者が「不適応」であるのとは反対に，周囲には非常によく適応しており，周りからはいい人と評価され，一見社会的問題が存在していないかのように見える。発病して初めて何か問題を抱えていることが本人にも周囲にも認知されることが少なくない。

これらのように，心身症患者ははじめから心理社会的問題が透けては見えないため，そのことを念頭において面接を進めていく必要がある。

ii）心理社会的因子について

心理的因子については，前述のように，心身症患者では自覚的には意識されないことが多いが，他の精神科関連疾患では，不安，緊張の持続，種々の人間関係から生じるストレス，抑うつ気分，気力や活力の低下などがよく自覚される。

社会的因子については，就労している方では，職場での異動や仕事量の増加，役割の変化，人間関係の変化などがよく見られ，学校では友人との関係の変化や学習に関係した問題，また，近隣住人とのトラブルなどが見られる。日常生活の中で，比較的大きな出来事をライフ・イベント（life event）と呼んでいる。ホルムズらは，これらのライフ・イベントをアンケートに基づいて序列化した（Holmes, 1967）。それぞれのライフ・イベントについ

表8.1　生活変化単位の得点例（Holmes, 1967）

順位	出来事	生活変化単位	順位	出来事	生活変化単位
1	配偶者の死	100	10	退職	45
2	離婚	73	16	経済状態の変化	38
3	別居	65	23	子どもが家を去る	29
5	家族メンバーの死亡	63	32	住居が変わる	20
7	結婚	50	40	食習慣の変化	15

て，その影響度の大きさを生活変化単位（life change unit）として点数化したものの一例が**表8.1**である。

　さらに，過去1年間に生じた出来事の生活変化単位を合計して，その得点が150点以下なら健康障害を起こす確率は37％，300点ではその確率は80％以上となるとしている（Holmes, 1974）。すなわちライフ・イベントが複合して生じると健康に大きな影響が及ぶことになる。また，ライフ・イベントほど大きな出来事でないが，ちょっとしたことの積み重ねが健康に与える影響もまた重要であり，ラザルスはこれを「日常生活の些細ないらだち事（デイリーハッスル；daily hassles）」と呼んだ。例えば，友人との口論や対立，人から怒られたこと，人に自分の意見を主張したこと，気の合わない人との付き合い，レジなどで順番を待たされる，交通渋滞，予定外の仕事，などが挙げられる。これらも重複して生じ，頻度が増えるようであれば，社会的因子として見逃せないものとなる。

iii）よく見られる身体的愁訴

　前述した心理社会的因子は，大脳皮質で認識され，視床・視床下部を介して自律神経系へ，下垂体を介して内分泌系へ，さらに経路はまだ十分に明らかとなっていないが，免疫系にも影響を与えるとされている。臨床現場でよ

く見られる愁訴としては，食思不振，嘔気，消化不良感，下痢や便秘，息苦しさ，動悸，頭痛，めまい・ふらつき感，女性では月経不順等が挙げられる。身体的な検査をして異常がないにも関わらず，これらの症状が続くようであれば，心理社会的因子が身体化した症状と考えることが必要となってくる。

iv）初回面接の進め方

　初回面接時に尋ねることは，一定の様式がある。主訴，発症後の経過，日常生活や仕事で最も困っていること，不安や抑うつ気分の有無，これまでに罹患した疾患（既往歴），血縁関係にある家族の病気（家族歴，特に精神疾患），年齢も含めた家族構成，心理社会的因子，大まかな性格，可能であれば生育歴などはできるだけ初回面接で尋ねておきたい。

　身体的愁訴が全面に出る心身症，不安障害およびうつ病などは，身体的疾患の検索の後に，除外診断としてなされることが多い。しかしながら，身体症状を尋ねた後に心理社会的因子を尋ねると，診断に時間がかかることになり，また身体症状と心理社会的因子との関係も不確かになる。したがって，これらの疾患を疑う際には，身体症状と平行して心理社会的因子を尋ねるのがよい。例えば，ある身体症状が見られたときの社会的状況（仕事の状況や学校での出来事など）と，その時に感じた気持ちを合わせて尋ねるようにする。気持ちを思い出してもらうことは必ずしも容易ではないかもしれないが，「その時はどんな気持ちでしたか？」「そんな症状があったらさぞかし大変だったでしょうね」「そのような症状が続くと不安ではありませんでしたか？」などと言葉を補うことも助けとなる。このように「身」と「心」を平行して尋ねることで，患者自身も心身相関の気づきに至りやすくなる。

B. 治療介入のサポート
i）心理社会的問題への気づき

　患者が抱えている心理社会的因子が明らかにならないと，心理的な接近を進めることができない。初回面接である程度これらの因子が見えてくると，それをさらに掘り下げるようにする。例えば，職場の人間関係に問題がありそうな場合，対象となる人間は誰か（複数の場合もある），どんなやりとり

が心理的負担を生じさせるのか，そのときにどんな気持ちになるのか，また関連して現れる身体症状があるか，などである。

初回面接で心理社会的因子が十分に把握できなかった場合には，担当医が身体的治療を進めるのと平行して，これらの因子を引き続き聴き取る必要がある。場合によっては，発症前からの経過を詳細に振り返る必要がある。発症前に何か社会生活上で変化はなかったか，そのことで患者の生活がどのように変わり，またどのような気持ちを抱いたか。さらに，発症後の経過についても事実とその時の気持ちを照らし合わせていく。失感情症を有する患者では，この作業は容易ではないことが多いが，くり返し辛抱強く聴き取っていくことが必要である。

このようにして，心理社会的因子が明らかになってようやく心理的な問題に焦点を合わせた治療的介入が可能となる。

ii）心理社会的因子聴取

心療内科の外来診療では，多くの場合一人の患者に長時間をかけることが困難である。しかし，複雑な心理社会的背景を有する患者の場合，医師の診療時間では不十分なことがある。このような場合，心理職によるサポートがあると患者にとっても担当医にとっても大変助けになる。これは，心理社会的因子をより詳細に把握できることに加えて，患者は話を丁寧に聴いてもらえることによって，心理職とのラポール形成が促進される。また，自分のことを話すことで気持ちが楽になり，精神的な安定に近づくことができる。さらに，このような経過中に自分自身の問題に患者自らが気づき，心理的接近がより容易になることも期待される。

8.3節 心療内科における治療法

A. 支持的精神療法

「傾聴」，「受容」，「共感」，および「保障」を主体とした治療法であり，日々の診療の中核をなしている。ここからは筆者の日常診療を振り返りながら解説したい。

筆者が常に心がけていることは，患者に十分な「関心」をもち，かつ，関心をもっていることを言葉や身振り手振りで伝えることである。そのために「傾聴」が必要になるが，単にひたすら聴くだけでよいのではない。患者の話す言葉を「簡単にわかってしまわず」常に「疑問」をもって聴くことが必要である。例えば，患者が「最近ちょっとバタバタしていて」と話すとする。この「バタバタ」を，ああそうなんだなあ，とわかった気になってスルーしてしまうか，さらに突っ込んで聴くかどうかで，面接の深みが変ってくる。「バタバタ」は，例えば会社員で一時的に仕事の量が増えて忙しかったが，本人の負担はそれほど大きい事柄ではなかった場合もある。しかしそうではなく，仕事上での役割が変わって，本人の負担がかなり増してきているなど，大きな意味をもつ場合もある。「バタバタ」に込める意味合いは個人によって異なるのである。患者の話の腰を折らないタイミングで，先ほどの「バタバタ」というのはどういうことですか？　と尋ねることで，患者の置かれている状況がより明らかになる。

　日々の診療において，患者は面接の必要時間によって大きく3つに分かれると認識している。以下，①抗不安薬や抗うつ薬などの薬物療法で安定しており，日々の生活にも大きな変化がない場合，②治療にて心身の状態はおおむね安定しているが，本人が少しは医師に語りたいことがある場合，③医師にしっかり語りたいことがある場合，に分けて考えてみたい。

　いずれの場合も，日々の診察は，「（その後）体調はどうですか？」とオープンに尋ねることではじめる。

①抗不安薬や抗うつ薬などの薬物療法で安定しており，日々の生活にも大きな変化がない場合

　この場合は，「変わりありません」という回答が多い。この場合，患者は診療にあまり時間をとられず，早く薬だけもらって帰りたい，と思っていることも多いので，追加の質問としては，気分変動の有無，睡眠状態，食欲の状態，時に便通の状態などを聞くことにしている。そうして，薬剤の変更はなくていいことを確認してその回の診察が終了となる。

②治療にて心身の状態はおおむねは安定しているが，本人が少しは医師に語りたいことがある場合

　おおむね安定はしているが，少し気分や体調に揺らぎがある場合である。ここ数回の診療で，何か生活面や，仕事上の変化，あるいは体調に変化があった場合がこれに相当する。症状が少し残っている場合もこれに相当する。冒頭のオープンな問いかけに患者が何かそのエピソードについて語ればそれに耳を傾ける。もし患者が変わりないと答えたら，以前のエピソードがその後どうなったかについて尋ねてみる。このためには，カルテに各回に語られたエピソードを記載しておく必要がある。この記載を参考にして，その後の経過を尋ねるようにする。現在も何か問題が残っているとすれば，その解決について話し合い，解決していればその問題については終結とする。自覚症状が残っている場合には，患者の苦痛が大きければ，薬剤の変更や追加を検討するが，苦痛が大きくなければ，「体調は落ち着いているようですのでお薬はこのままで様子を見ましょうね」と言ってそのまま経過を診ることもある。

③医師にしっかり語りたいことがある場合

　多くの場合，患者が語りたいことが中心になり，医療者側はひたすら傾聴に努めることになる。これは患者が長期的に抱えている家庭や職場での問題が主となり，くり返し同じような内容が語られることも少なくない。家族構成員に対する不満であったり，職場での上司や同僚についての「愚痴」であったりすることも多く，解決の糸口が見えないことが多い。しかし，患者は話すことで一定の発散をすることができ，医療者側には不全感が残るが，患者はある程度の満足を得ることができている。

　筆者が心がけていることのもう１つは，患者がその日受診して，少しでも「今日来てよかった」，と思ってもらえることである。このために，症状についての聴き取りが済んで時間があれば患者の日常生活を話題にしたり，時には世間話をしたりしている。このような会話から患者から思いがけない情報を得ることもあり，医療者の世界が拡がることにもなる。すべての患者に対

してこのように接することはできているわけではないが，治療者自らが「抗不安薬」になったつもりで接し，患者の不安を少しでも和らげることができればよいと考えて日々の診療を行っている。

B. 自律訓練法（autogenic training）

自律訓練法はリラクセーション法の1つと考えてよい。不安や緊張の強い患者に，基本的には疾患の区別なく用いられる。この方法は，シュルツによって基本法が開発され，ルーテによって発展させられた。リラックスしている人間を観察すると，全身が弛緩しており重みを感じ，また血管が拡張するために身体が温かく感じられる。これを自己暗示に応用し，リラクセーションに至ることで，自然治癒力やホメオスタシスを活性化させる心身調整法である。

公式は背景公式と6つの公式からなっている。背景公式（「気持ちが落ち着いている」）に続いて，第一公式：重感練習（「両腕両脚が重たい」）を練習し，ある程度習得できれば第二公式；温感練習（「両腕両脚が温かい」）へと進んでいく。第三公式以降は器官公式で，心臓調整，呼吸調整，腹部温感，額清涼感となっている。通常は第二公式までである程度のリラックス状態を得ることができる。

自律訓練法にはこのような基本的手技以外にさまざまな技法があるが，それらについては成書（参考文献1）を参照されたい。

C. 交流分析療法

米国の精神科医バーンによって1950年代に創始された性格およびコミュニケーションの理論とそれに基づく治療体系である（日本心身医学会用語委員会，2020）。精神分析の口語版といわれたりする。ここでは構造分析と交流パターン分析について説明する。

i）構造分析

個人の心の体制を，自我心理学的な観点から3つに分け，親（P: Parent），大人（A: Adult），子ども（C: Child）とする。さらに，Pは批判

的（父親的）なP（CP）と養育的（母親的）なP（NP）に分け，Cは自由なC（FC）と順応したC（AC）に分ける（**図8.1**）。CPは規律や規範を表し，物事を批判的に見る自我状態を示している。NPは優しい，無報酬の愛などの自我状態を示す。Aは理論的，理性的でコンピュータ的な自我状態である。FCは自由で天真爛漫な子どもの自我状態を示し，ACは周囲に順応した自我状態を示している。

　質問紙法を用いて，これらの5つをグラフ化したものを「エゴグラム」と呼び，そのパターンでいくつかに類型化されており，患者への説明にも頻用されている。**図8.2**がその例である。これは「N」型と呼ばれるパターンであり，CP<NPであることより，あまり批判的な態度はとらず，優しさが

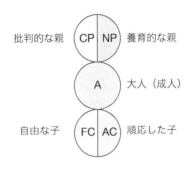

批判的な親　　大人（成人）　　自由な子　　養育的な親　　順応した子

図8.1　構造分析

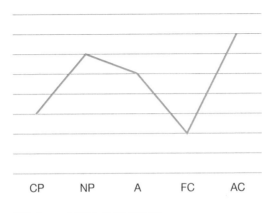

CP　　NP　　A　　FC　　AC

図8.2　エゴグラム（N型の場合）

前面に現れ，医療従事者の適正はあると思われる。一方，FC＜ACから，自分を抑えて周囲に合わせるという行動様式をとる。これは心身症患者に見られる「過剰適応」にも通じ，心身症を発症しやすい類型とされている。身体症状とエゴグラムの関連が見られる場合には，エゴグラムを修正する試みを行う。例えばCPが低い場合には，新聞記事などを見てそれに批判的な考えをもつ練習をする，FCが低い場合には，楽しむことを自らに許して，芸術に触れたり，生活に遊びの要素を採り入れたりする工夫をする。

ii）交流パターン分析

対面する2人の交流パターンをP，A，Cを用いて分析する方法である。**図8.3**は相補的交流といい，期待する自我状態から反応が返ってくる交流である。この交流では2者間のコミュニケーションは円滑に行われ，人間関係にも問題は生じない。これに対して，**図8.4**は交叉的交流といわれ，期待した自我状態から反応が返ってこない場合である。このような交流があると2者間のコミュニケーションは円滑に進まず，双方の関係が損なわれることになる。何かコミュニケーションが上手くいっていないと思われる場合は，この交叉的交流が存在していないか検証をしてみる必要がある。

iii）ゲーム分析，脚本分析など

これらも交流分析の大きな柱をなすものであるが，ここでは割愛し，成書

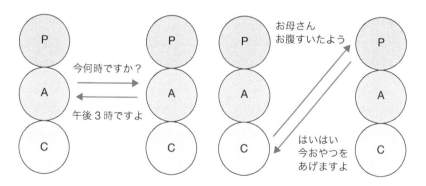

図8.3　相補的交流の例

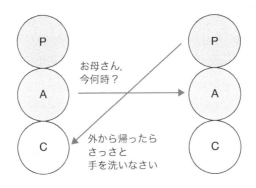

図8.4　交叉的交流の例

（参考文献2）を参照されたい。

D. 行動療法（日本行動医学会，2015）

i）生活習慣と行動変容

　世の中が進むにつれて，疾病構造が変化してきた。かつては感染症が主体であった医学・医療が，近年では高血圧症，糖尿病，脂質代謝障害など生活習慣病のコントロールにシフトしてきている。この生活習慣病を十分にコントロールするには薬剤のみでは不十分で，患者の生活習慣を是正していく必要がある。この不適切な生活習慣を修正するために採り入れられたのが「行動変容」である。

ii）行動医学とは

　国際行動医学会議憲章（1990）によると，「健康と疾病に関する心理社会科学的，行動科学的および医学生物学的知見と技術を集積統合し，これらの知識と技術を病因の解明と疾病の予防，診断，治療およびリハビリテーションに応用していくことを目的とする学際的学術」とされている。

iii）学習理論

　あらゆる思考や行動は学習されたものと考えることが前提となる。19世紀末から今世紀初頭にかけて，心理学は意識を研究する学問と考えられてい

た。しかし，意識は外部から観察できないことから，心理学は科学たりえないと考えられるようになった。そこで，直接に観察可能な「行動」を心理学の研究対象として据えようとする運動が展開された。これを行動主義という。

この研究では，環境刺激と生活体の示す反応の関係を明らかにすることによって，行動を予知し制御することのできる法則・原理を見出すことが必要となる。また，行動の単位は刺激と反応の結合であり，その最も単純なものが反射であり，複雑な行動はそうした結語の複合体であると考える。

これらをふまえて，学習の定義は「経験あるいは訓練に基づく生活体の比較的永続的な行動の変容過程である」とされる。

iv）行動変容

生活習慣病などを有する患者に行動変容を起こさせるためには，まず問題となる食事の摂り方や運動習慣，飲酒，喫煙などの行動分析を詳細に行う必要がある。病的な状態を生じさせるような不適切な行動（栄養の過剰摂取，食事を摂る時間帯，過剰飲酒，重喫煙，運動不足など）を患者とともに振り返り，自分の行動のまずさを十分に認識してもらう。次いで，現在のような病的状態が今後も続くと将来どのようなことが起きるかについて，医学的に十分に説明する。これらを通じて，行動変容を起こすための動機づけをしっかりと行っていく必要がある。

行動変容の変化のステージと患者の特性については**表8.2**のように考えられている。

上述した動機づけまでの時期が，この表の熟考期に相当する。この後，患者と医師とが不適切行動を修正するためのアイデアを出し合い，継続的に実行可能な計画から進めていくことになる（行動期）。行動の修正には最終目的を設定することが好ましいが，いきなり大きな課題に着手するのではなく，小さな課題を積み重ねていくことによって実現可能性が高まる。

維持期は定期的な診療により患者の行動の変容状態を確認していくことになる。行動医学の原則では，**評価された行動は増える**ということであるので，診療の際に，たとえ小さな行動変化でも，それをしっかりとり上げて評価することが重要である。そのことにより患者の動機づけが維持されてゆくこと

表8.2　行動変容の変化のステージと患者の特性

ステージ	患者の特性
前熟考期	問題はあるものの，患者は小さい問題であると考えるか否定する
熟考期	患者は問題について考え，問題をこのまま続けることと，変えてみることの利益と不利益を考える
準備期／決断期	患者は問題解決のための時間や計画に関与する
行動期	患者は問題を乗り越えるために日々努力する
維持期	患者は問題を乗り越え，後戻りしないように目を光らせている
再発期	患者が解決に成功した後，これまでの問題行動に戻る

になる。最初に設定した目標が達成されれば，次の課題についてまた新たな目標設定を行う。このくり返しによって最終目標を達成することができればその患者の行動変容は終了となる。

E．その他の治療法

　自己の感情を言語的に表現することが困難な場合には，箱庭療法や，音楽・絵画などの芸術療法を併用することがあるが，これらについてはそれぞれの治療法について十分なトレーニングを積んだ心理職の関与が不可欠である。

おわりに

　心療内科での診療における心理職の役割について述べた。冒頭にも記載したように，身体面での訴えが中心となる心療内科の領域では，患者の心理的背景を見いだすのが容易でないことがある。しかしながら，粘り強いアプローチにより身体症状の裏に潜んでいた心理的問題が明らかになったときは，治療者として大きな喜びであり，また患者にとっても症状理解と改善の大きな手がかりとなり，治療的恩恵を受けることになる。このような領域への心

理職の参入を心から歓迎したい。

引用文献

Alexander, F., psychosomatic Medicine: It's Principle and Applications, Norton, 1950.

American Psychiatric Association, Diagnostic statistical Manual of Mental Disorders, 4th ed, American Psychiatric Association, 1994.

American Psychiatric Association, Diagnostic statistical Manual pf Mental Disorders, 5th ed, American Psychiatric Association, 2013.

Holmes, T. H. & Rahe, R. H., The social readjustment rating scale, *Journal of Psychosomatic Research*, 11, 213-218, 1967.

Holmes, T. H. & Masuda, M., Life change and Illness Susceptibility, pp.45-72, Willey, 1974.

日本心身医学会用語委員会, 日本心療内科学会学術企画委員会編, 心身医学用語事典 第3版, 三輪書店, 2020.

日本行動医学会編, 行動療法テキスト, 中外医学社, 2015.

岡田宏基, 坂東修二, 舛形尚他, 初診時に医学的に説明できないと判断された愁訴の香川県を中心とした頻度調査, 日病総診誌17(6), 594-601, 2021.

Sifneos, P. E., The prevalence of 'alexithymic' characteristics in psychosomatic patients, *Psychotherapy and Psychosomatics*, 22, 255-262, 1972.

参考文献

1 松岡洋一, 松岡素子, 自律訓練法[改訂版], 日本評論社, 2009.
2 I. スチュアート, V. ジョインズ著, 深沢道子, 篠崎信之監修, TA TODAY 第2版：最新・交流分析入門, 実務教育出版, 2022.

第 9 章 発達心理学と高齢者における心理的ケア

9.1節 | 医療における発達心理学の意義

A. 発達の規範性と個別性

いま，読者のあなたは，暦年齢で何歳だろうか。そして，人生のどの段階に位置しており，身体や心の発達の道筋の中でどのような状態にあるだろうか。本章では，人の誕生から死に至るまでの生涯を通じての心身の発達について研究する，発達心理学という学問について紹介する。

あなたが発達と聞いて思い浮かぶのは，子ども時代にさまざまな能力を獲得したり成長させたりする過程ではないだろうか。例えば歩行であれば，まず赤ちゃんが徐々に寝返りを打てるようになり，ハイハイをはじめ，やがてつかまり立ちができるようになり，おおむね1歳を過ぎる頃になると独力で歩けるようになる。

一方，高齢になれば多くの人に視覚や聴覚など五感の衰えが見られたり，記憶力や判断力の低下が見られたりする。このように，加齢とともに衰退・喪失していく側面もある。

今日では，ある能力の獲得・成長だけでなく衰退・喪失も含めて，発達と考えるようになった。そして，獲得・成長であれ衰退・喪失であれ，人はその生涯を通じて，常になんらかの変化，すなわち発達を続けているのである。

発達に対する見方として，まず多くの人がたどる発達の道筋を明らかにしようとする，規範的（normative）な発達という観点が存在する。先に歩行の例を挙げたが，発達には順序性があり，赤ちゃんがハイハイを経ずにいきなり歩き出すといったことはない。このように，一応の発達の見通しがあることで，特定の個人の成長が早い・遅いとか，ある特性の高い・低いといった判断が可能となる。発達診断や発達検査の多くは，規範的な発達を基準にして，発達が標準的な範囲にあるのか，あるいは遅れていないかということを判断するものである。

医療・保健分野においては，多様な発達段階にあるさまざまな疾患を有する人々と出会うことになる。その際，規範的な発達について熟知していればこそ，直接，発達に関連した疾患はもとより，疾患がもたらす発達をめぐる二次障害についても，どの段階，どの時点で，どのようなつまずきがあるのかを明らかにすることが可能となる。

　ところが，わが国の医療・保健の専門家は，発達心理学をそれほど重視してこなかったという。そのため，三宅（1986）は，医学教育の中に発達心理学的な教育を取り入れることの必要性を提唱し，障害児や病児に接するときに，健常児とじっくり関わるという経験が役に立つのではないかと述べている。これは，医療者が規範的な発達を知ることの重要性を示唆するものであろう。

　森（2018）は，日本の学校教育においては，人間の発達に関して体系的に学ぶ機会が少ないため，高校生や大学生は発達について，科学的知識に基づかない，不正確な知識体系にとどまっているのではないかと考えた。そこで保健医療系大学1年生に対する発達の知識についての小テストの分析を行った。その結果，学生自身の体験等で理解しやすい事柄については正しい知識が身につく一方で，そうでない事柄は誤った知識を身につけているという実態が明らかとなった。特に，乳児期，幼児期，児童期に比べて思春期・青年期について有意に平均正答率が低かったという。多くが青年期にあると思われる大学1年生にとっては，思春期・青年期は今まさに体験している渦中のため，いまだ不正確な知識にとどまっているのかもしれない。

　一方，発達には，個人の独自性や固有性による違い，すなわち個人差が存在する。例えば，あなたの小・中学校の同級生を思い出してほしい。心身の成長の早い，いわゆる早熟な人もいれば，反対に成長のゆっくりした，遅熟な人もいるといったように，人それぞれであったと思う。

　子育て書などで紹介されている規範的な発達とひき比べて，自分の子どもは成長が遅いのではないか，なんらかの障害があるのではないかと，養育者が不安になることもある。どこまでが正常な発達の範囲なのか，また正常な範囲の発達でない場合に，どのような育て方をしていけばよいのかを，一般的な養育者が判断することは難しいからである。

発達の遅い・早いとか，発達障害（医療分野では神経発達症と呼ぶ）に代表されるような発達の凸凹をめぐり，自分一人が周囲の人と違っているように思ったり，周囲の好奇の目にさらされているような被害感をもったりして，それが悩みの種になることもある。広く発達に不安や心配を抱え，思い悩んでいる患者や養育者を，医療者はどのように支え，ケアしていけばよいのだろうか。

　以上をふまえて考えると，体系的・科学的に発達について学ぶことの重要性や，多くの人の多様な発達の様相に触れることの重要性が理解されよう。医療者は，そのような学習の機会を積極的に求めていくことが必要である。

B. 発達心理学と臨床心理学の交わるところ

　そこで，発達の規範性と個別性という，両方の観点から発達を考えることが重要となる。それは発達心理学と臨床心理学の接点となり，両者が交わる領域である。端的にいえば，規範的な発達を重視し，それを科学的・実証的に明らかにしようとするのが発達心理学的視点であり，個人差を重視し，その人固有の発達の道筋を実践的に促進・援助しようとするのが臨床心理学的視点である。

　そのような両者の交わる学問分野として，発達臨床心理学がある。そこでは，発達を「人生の物語」として位置づけることで，発達心理学と臨床心理学の協働により，「現実に生きている人間の人生の過程の全体」を捉えようとしている（下山，2001）。また，学校などで「気になるこども」，発達障害，学力格差，読解力低下など，発達支援のニーズを有する子どもに関わる領域は，臨床発達心理学と呼ばれ，臨床発達心理士という専門資格も生まれている（日本臨床発達心理士会，2010）。

C. 多職種連携やチームアプローチにおける共通言語としての発達心理学

　医療・保健分野において，疾患という生物学的要因だけでなく，心理・社会的要因にも着目し，患者を全人的に理解しようとする生物－心理－社会モデル（Engel, 1977）への関心が高まっている。例えば，生活習慣病に代表される慢性疾患への対応が従来の生物医学モデルだけでは限界のあること

は，想像しやすいだろう。

　発達もまた，このように多様な要因が関連するものである。ただし，この
モデルでは，生物医学を中心に教育を受けてきた医療者だけで心理的要因や
社会的要因まで判断できるのかという問題が残る。また，要因間の複雑な相
互関係を読み解くことは，難解な作業でもある。

　そのため，多様な専門職がそれぞれ独自の観点や職能をもち寄りながら，
チームとして連携・協働して一人の患者の治療にあたる，多職種連携やチー
ムアプローチという発想が重要となる。そこでの"共通言語"としても，
発達心理学の基礎的な素養が求められる。

9.2節 ｜ 人の生涯のビジョン

A. エリクソンのライフサイクル論

　人はみな生まれ，成長し，次の世代をはぐくみ，やがて老いて，死んでい
く（ただし，死だけは，人生のどの時期に訪れるかはわからないが）。精神
分析家のエリクソンは，生物学の用語を借りて，それをライフサイクルと呼
んだ。

　ライフサイクルには，ある個人が誕生し，成長して，やがて死によってそ
のサイクルが閉じるという側面（自己完結性）とともに，親が子を生み育て，
その子が成長してまた子を成すことでライフサイクルが次の世代へと引き継
がれていくという側面（世代連鎖性）の，2つのサイクルが存在する（西平，
1993）。

　個人のライフサイクルを1つの環として，それが鎖のようにつながってい
る様子をイメージしてほしい。自己のライフサイクルを祖先から自分，そし
て子孫へと連なる人類の無限の歴史的連続の中の一環として意義づけること
ができれば，あなたの生涯はより豊かで，かけがえのないものとして実感さ
れるのではないだろうか。

　さらにエリクソンは，人生を8つの段階に分け，それぞれの時期に優勢と
なる，取り組まれるべきテーマ（心理社会的危機）が存在すると考えた。こ
れは，ライフサイクル論とか個体発達分化の図式と呼ばれている。

ライフサイクル論は，エリクソンが精神分析家として経験した臨床事例やネイティブアメリカンの子育ての研究などから得られた，人の生涯に対するビジョン，すなわち1つの見方や見通しとでもいうべきものである。

　エリクソンの個体発達分化の図式をもとに，その後，さまざまな科学的・実証的研究が行われるなど，まさに臨床心理学と発達心理学の接点であり，両者の共通基盤ともなっている（下山，2001）。そして，子ども時代だけでなく，成人期以降，中年期や高齢期まで視野に入れた，人の生涯にわたる発達論として，最も影響力の大きな理論であるといわれている（ニューマンら，1998）

B. 人生各期に優勢となる心理社会的危機と人格的活力

　エリクソンの個体発達分化の図式を**図9.1**に示す（エリクソン，1989）。左側のカラムに各発達段階が記され，下から上に向かって成長していく。そして，各発達段階の右側に示されているのが，その時期に優勢となる心理社会的危機である（図中の○○対△△の部分）。例えば青年期であれば，それを右に見ていくと，アイデンティティ対アイデンティティ拡散という危機が優勢となることがわかる。

　「対」には，versus（～に対して～）とかvice versa（～と反対に～）という意味がある。社会的に生きていくための肯定的な力と否定的な力が拮抗する中で，そのバランスをとることが重要なのである。

　したがって，100％肯定的とか，100％否定的にはならない。肯定的な中にも否定的な部分は必ずあるし，その逆も同様である。全体として，おおむね肯定的方向に傾けばよい。

　そして，そのバランスが上手くとれていれば，人格的活力（図9.1の心理社会的危機の下に**ゴシック体**で記されている）が表れる。人格的活力とは，人間的な強さであり，健康であるために必要な力のことである。

　また，図中で空白になっている部分にも意味がある。まず垂直方向に見た場合，そのテーマが優勢となる発達段階以前にもその萌芽が見られるし，以後にもそのテーマが問われ続けていることを示す。水平方向に見た場合，その人格的活力が発達途上にある段階に対しても，それ以前のすでに発達し終

		1	2	3	4	5	6	7	8
VIII	高 齢 期								自我の統合性 対 絶 望 **知 恵**
VII	中 年 期							世代継承性 対 自己陶酔 **世 話**	
VI	成 人 期					親 密 性 対 孤 立 **愛**			
V	思 春 期 青 年 期					アイデンティティ 対 アイデンティティ 拡散 **忠 誠**			
IV	学 童 期				勤 勉 性 対 劣 等 感 **適 格**				
III	児 童 期			自 発 性 対 罪 悪 感 **目 的**					
II	幼 児 期		自 律 性 対 恥・疑惑 **意 志**						
I	乳 児 期	基本的信頼 対 不 信 **希 望**							

図9.1　個体発達分化の図式（エリクソン，1989をもとに作成）

えた段階に対しても，新たな意味合いを与えることを示している。このように個体発達分化の図式は，人の生涯を縦糸と横糸で織られた一枚の織物のように描き出しているのである。

　では次に，各発達段階の心理社会的危機について説明していこう。

Ⅰ）乳児期：基本的信頼　対　不信

　乳児期の心理社会的危機は，「基本的信頼　対　不信」である。世の中や他者，そして自分を信じられるかどうかが問題となる。もし，そのように信じることができなければ，この世は不信に満ちた，まさに地獄のような生きにくい世界となってしまう。この危機を解決した先に表れる人格的活力は，

「希望」（求める願いは得られるのだという信念）である。

Ⅱ）幼児期：自律性 対 恥・疑惑

　幼児期の心理社会的危機は，「自律性 対 恥・疑惑」である。例えばトイレットトレーニングのようなしつけを考えるとわかりやすい。おしめを外した幼児には，尿意がある場合に，おまるやトイレで排尿することが求められる。そのように内的要求と外的要求のバランスを取ることが自律性である。それが獲得されない場合，恥ずかしさや，いったい自分はどうなっているのかという疑惑を生じることになる。この時期の人格的活力は，「意志」（自己抑制しながら自由な選択を維持していく決意）である。

Ⅲ）児童期：自発性 対 罪悪感

　児童期の心理社会的危機は，「自発性 対 罪悪感」である。前段階の幼児期での自律性，すなわち内的・外的要求の統制ができたうえで，自分が自分の行動の中心となろうとして，自分の要求を表現することをいう。それができないと行動が規範を犯し，「悪かった」，「失敗した」という罪悪感となる。人格的活力は，「目的」（価値のある目標を心に描き追求する勇気）である。

　なお，鑪（1990）は，日本人には個人や集団を超えた原理・原則ということがわかりにくく，規範やそれを犯したときの罪意識は，具体的な対人関係的レベル，社会的レベルとなってしまうと述べている。

　日本は恥の文化と呼ばれ，自律性の段階にとどまっていると思われる。このような文化風土の中では，誰にも露見しなければ，とがめられなければ，それはやっても大丈夫なこと，罪ではないことになってしまいかねない。医療者の職業倫理などについて学ぶ際にも，このような日本の文化的特徴をふまえて検討する必要がある。

Ⅳ）学童期：勤勉性 対 劣等感

　学童期の心理社会的危機は，「勤勉性 対 劣等感」である。一定の技能や仕事に身を入れ，それらを学ぼうとすることであり，それができないと学習は苦痛となり，自己卑下という低い自己評価を生むこととなる。人格的活力

は「適格」（課題を完成させるため，道具や知性を自由に鍛えること）である。

　なお，鑪（1990）は，私たちが学ぶことを楽しいと感じるのは，「内的な知的要求と外的な要求とのバランスが取れているとき」だと言う。知的好奇心を超えた，過剰な学習を求められると，そこに学ぶ喜びは感じられず，子どもたちの自発的な学習にはつながらないのである。

Ⅴ）思春期・青年期：アイデンティティ 対 アイデンティティ拡散

　青年期の心理社会的危機は，「アイデンティティ 対 アイデンティティ拡散」である。自分とは何者か，自分は何になりたいかというテーマである。それがわからず，苦悩する青年もある。また，その苦しさのために，自分で決定することから逃げ出してしまうと，ますます自分がなんなのか，わからなくなってしまい，アイデンティティ拡散の状態に陥ることとなる。人格的活力は「忠誠」（自分で自由に選んだものに尽くす心をもち続ける能力）である。

　なお，アイデンティティ概念は拡大され，さまざまなアイデンティティが提唱されている。例えば患者アイデンティティとは，社会的に積極的に生きて，役に立つアイデンティティを自分のものにしていくことができず，不適応状態の場合に，「自分は病気なんですから」と開き直ってしまうことをいう（鑪，1990）。また，医療者の職業的アイデンティティについては，次項Ｃで詳述する。

Ⅵ）成人期：親密性 対 孤立

　成人期の心理社会的危機は，「親密性 対 孤立」である。自己を失わず他者と親密な関係を作り出すことであり，それができないと，孤立，孤独に陥ってしまう。人格的活力は，「愛」（対極的なものを持続し，尽くし合う相互性）である。

　そのためには，前段階の心理社会的危機であるアイデンティティ確立が不可欠となる。自己のアイデンティティが確立されないままに他者と親密になろうとすると，相手に呑み込まれて自分がなくなってしまうような不安を感

じることもあるからである。

エリクソンは，親密性の例として結婚を挙げている。性別も，生まれ育った環境や生き方も異なる2人が結婚して家族となるには，自分とは異質な他者と親密性を形成できる能力が前提となるのである。現代における未婚の男女の増加やLGBTQ＋など性の多様性に鑑みれば，互いに信頼し，愛し合える人間関係を築けること，と読み替えてもらえるとよいだろう。

VII）中年期：世代継承性 対 自己陶酔

中年期の心理社会的危機は，「世代継承性 対 自己陶酔」である。子どもを産み育て，次の世代への関心を高めることができなければ，私たちの生活や社会行動はむなしい自己陶酔となってしまう。人格的活力は，「世話」（愛や必要性や偶然性によって生み出されたものに対する関心）である。

超高齢社会を迎えたわが国では，老親の介護も中年期の大きなテーマの1つとなっており，自分より上の世代を世話するというかたちの世代継承性も問われている。一方，高齢期にある老親の側にも世代継承性が存在し，それは祖父母的世代継承性と呼ばれる。若い世代からの世話を受け入れることによって，若い世代に「世話するとはどういうことか」という感覚を育てるようなかたちの世代継承性である（Erikson, Erikson & Kivnick, 1986）。

介護する中年期の人にとっても，介護される高齢期の人にとっても，介護はそれぞれが世代継承性の危機の解決に向かうチャンスという側面がある。介護という仕事の意義について，このような観点からも検討してもらいたい。

VIII）高齢期：自我の統合性 対 絶望

高齢期の心理社会的危機は，「自我の統合性 対 絶望」である。人生の肯定的な部分も否定的な部分も統合し，唯一1回限りの自己の人生や死を受け入れていくことが求められる。それができなければ，生きてきたことの意味もなくなり，残されたものは絶望やこの世界への嫌悪感だけになってしまう。人格的活力は，「知恵」（死に直面して，命そのものに執着がなくなること）である。

すでに述べたように死は，人生のどの段階でやってくるかわからない。高

齢期に限らず，終末期医療においては，可能な範囲で自我の統合性を目指し，その人のその時点における人生の締めくくりの支援を行うことが求められる。

C. 医療系学生の志望動機と職業的アイデンティティ

　あなたはどうして医療者を目指したのだろうか。そして現在，医療者としてどのような発達を遂げているだろうか。

　まず，医療者を目指して医療系大学や専門学校を志望するに至る，志望動機という問題がある。志望動機と学校適応感についての研究では，「適性考慮」（自分の特性や能力，性格などを考慮して進路選択をしている）や，「専門性追求」（専門職につきたい，国家資格を取得したい）が学校適応感を高める一方，無目的・漠然とした進学動機は学校適応感を低める要因であることが明らかになっている（中野ら，2009）。特に医療系大学や専門学校は，一般的な大学よりも学生同士の同質性が高く，環境への適応が大学生活に影響し，しかも「潰しがきかない」ため，不本意入学がより問題となりやすいと考えられる（山田・宮下，2015）。

　また，藤井ら（2002）は，「社会への貢献の志向」が医療系大学生の職業アイデンティティの基礎であることを明らかにしている。さらに，授業から「医療職の専門性と独自性」というメッセージを受け取った学生ほど職業的アイデンティティが高まる一方，「患者中心の医療の重要性」というメッセージを受け取った学生では，職業的アイデンティティを低下させていた。よって，その点に配慮した教育が求められるという（落合ら，2003）。

　なお，医療系大学生のアイデンティティ研究においては，職業的アイデンティティが中心で，学生の「個」としてのアイデンティティはあまり注目されない。しかし，職業的アイデンティティは，「個」としてのアイデンティティと密接につながるものであり，一人一人の学生を見る際には「個」を見る視点が重要となる（山田・宮下，2015）。

D. 医療者の職業的アイデンティティの成長

　医療者が生涯にわたってどのように職業的アイデンティティを発達させていくのかという研究は少ないが，心理援助者の研究を参考として紹介しよう。

表9.1 心理援助者のアイデンティティの成長モデル（Friedman et al., 1986をもとに作成）

段　階	概　要
①興奮と予期不安	訓練の始まり。心理援助者になることへの喜びの一方，不安，興奮も高まる
②依存と同一化	事例の担当開始。ただし，心理療法への自信や技能に欠けると，スーパーバイザー（臨床指導者）への過度の依存にもつながる
③活動と継続的な依存	心理援助者として数年目。事例に対して積極的となり，責任感が増す。クライエントからの反応がアイデンティティ強化につながる
④活気と責任的関与	心理援助者としての転換期。知識−経験，理論−実際の間の関係が理解できるようになり，アイデンティティが確立されていく
⑤アイデンティティと自立	スーパーバイザーの存在が相対的に小さくなっていき，自立をはかろうとする
⑥落ち着きと仲間意識	同僚やスーパーバイザーと仲間意識をもち，心理援助者としてのアイデンティティが確立する

フリードマンとカスローは，**表9.1**に示すような6段階の成長モデルを唱えた（Friedman et al., 1986）。成長とともに，第一段階から第二段階，第三段階というように進んでいく。このモデルに沿って考えることで，医療系学生や医療者になったばかりの人々にとって，今後の医療者としての発達の見通しを得ることができる。

　さて，あなたは現在，どの段階にいるだろうか。あなたがさらに成長していくため，何に取り組むべきだろうか。

E. ケアをめぐる相互性　世話することで世話される，世話されることで世話する

　心理援助者のアイデンティティ発達に関する文献展望を行った眞鍋・岡本（2016）は，職業的人間関係の中でサポートを受けたり現状を評価する機

会が与えられたりすると指摘し、その関係性の中で心理援助者は自身のアイデンティティを発達させていくという。そこではクライエント（心理援助を利用する人）の存在も大きな意味をもち、クライエントから学びを得たり、モチベーションにつながったり、現状評価を受けたりすることができるという。

　医療者は、一方的に患者にケアを提供していると思いがちである。しかし、最初から一人前の医療者などいない。では、誰が医療者を育ててくれているのだろうか。それは、なんといっても患者だろう。患者のケアに携わる中で医療者は、世話するとはどういうことか、患者から教えられている。すなわち、医療者と患者は、お互いに世話し、世話されるという円環的・循環的関係なのである（**図9.2**）。

　このようなケアをめぐる相互性について自覚することは、患者を"一人の人間"として尊重する態度や、患者に対する敬意を高めるものである。さらに、医療が人と人のふれあいであるという原点に触れて、医療者に仕事のやりがいや成長感をもたらすもののようにも思われる。

　ところで、臨床心理学では、目の前にいる患者の心の世界を想像力や共感性を駆使して理解することに努めようとする。まさに患者中心の医療を目指すものである。ところが前述のように、患者中心の医療を強調することは、職業的アイデンティティを低下させる（藤井ら、2002）。それは、もっぱら専門性と独自性だけを強調する教育に比べると、医療者の職能を複雑化し、学生に葛藤や危機を生じさせるのかもしれない。

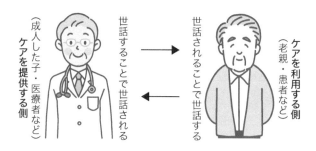

図9.2　ケアをめぐる相互性

しかし，危機に直面し，その危機としっかりと取り組み，アイデンティティ確立に向けて模索していくようなプロセス自体がアイデンティティ発達を促す。親や教師など権威者の考えを鵜呑みにし，目の前のロールモデルの模倣をするだけで，真の危機を経験していない，いわば見せかけだけのアイデンティティを有する人々は，壁に突き当たったときに脆いといわれている。したがって，生涯にわたる職業的アイデンティティを考えれば，患者中心の医療や臨床心理学の観点は，医療者養成教育や生涯学習に不可欠のものであると思われる。

9.3節 ｜ 高齢者のケア

A. 高齢者医療における心理学的視点の意義

　WHO（世界保健機関）では，暦年齢で65歳以上を高齢期と定義している。その年代にある人々を高齢者と呼ぶが，それでは65歳になったばかりの人も，100歳を超える人も，みなひとくくりに高齢者となるなど，人の生涯の一時期として高齢期があまりにも長くなってしまう。そこで，65歳以上74歳までを前期高齢者，75歳以上を後期高齢者とする分け方が広く用いられる。

　周知のように医療・保健の進歩にともない，先進国では平均寿命が伸び，人口に占める高齢者の割合も増えている。とりわけ日本は，世界でも有数の長寿国である。男女ともに平均寿命が高く，また高齢化率（総人口に占める65歳以上人口の割合の百分率）は，2007年に21％を超えて超高齢社会を迎えている。なお，2021年の数値は28.9％である。

　しかも，他国に比べてきわめて短期間で高齢化が進展したため，さまざまな面で対応の立ち遅れが目立っている。例えば，福祉大国と呼ばれるスウェーデンでは，高齢化率が7％（高齢化社会）から14％（高齢社会）に至るまでに82年を要している。一方，日本では高齢化率7％に達したのが1970年，14％に達したのが1994年と，その間わずか24年であった。

　近年，介護保険制度や後期高齢者医療保険制度など，医療とも関連の深い，高齢者のための施策が実施されてきた。ただし，その背後には高齢者の医

療・福祉にどれくらいの国費を割けるかという経済的課題が潜在し，それが医療・福祉を中心とした，さまざまな高齢者施策に影響を及ぼしている。

　さらに，長寿高齢化の進行にともない，高齢者の定義年齢の見直しを主張する立場も見られる。この先，高齢者の定義年齢が変更される可能性もあろう。このことは，年金受給開始年齢をはじめ，高齢者をめぐるさまざまな制度・施策とリンクしているため，今後の動向に注視する必要がある。

　一方，現状の施策では，人が何に生きがいや幸福を感じ，どのように生き，そして死んでいくことを望むのかといった，個々の高齢者の意思や主体性，人生観や価値観といった心理的側面は，ともすれば置き去りにされがちである。だが，高齢者に限らず，一人一人の患者の意思や主体性を重視した医療を実現することが医療者の使命であろう。制度的限界がある中で，医療者はどうあり，何をなすべきなのだろうか。

　その糸口の1つは，高齢者の心理的側面にも目を向けることのできる能力を医療者が涵養していくことである。それは，単に個々の医療者に個人的な努力を求めるということではなく，教育・研修システムや制度として保証されるべきものである。いずれにせよ，高齢者医療においては，医療者の臨床心理学的視点や心理援助者との連携・協働の意義が今後ますます大きくなっていくものと推察される。

B. 高齢者に対する心理療法 ―ライフレビューを中心に―

　精神分析の祖であるフロイトは，50歳以上の人々の精神過程に柔軟性が欠如していることと，生育史が長く扱うべき材料が多すぎて終結の見通しが立たないことの2点から，高齢者を対象とした心理療法に否定的であった（フロイト，1983）。しかし，現在では，フロイトの見方は否定され，高齢者の多様な主訴に応じて，さまざまな心理療法から高齢者にアプローチする必要性が論じられている（林，2000）。

　そこで注目される高齢者に対する心理療法の1つに，ライフレビューがある。バトラー（1963）は，高齢者や終末期の患者など死を意識した人々に人生の振り返りが見られることに注目し，それをライフレビューと名付けた。ライフレビューが適応的に進展した場合，人生に新たな意味が付与され，究

極的には自我の統合性に向かうという。

　その際，よい聴き手のいることがライフレビューを促進する。したがって，高齢者の話に傾聴することが重要な心理的支援となる。そのためにも，高齢者と関わる医療者には，カウンセリングの理論や技法の学習が求められるところである。

　あるライフレビュー事例では，当初は亡き夫の否定的側面を挙げて，さんざん攻撃していた高齢期女性が，数回の面接を続けるうちに，夫は家族思いで人の世話をよくする人だったという肯定的側面にも目を向けて語るようになった。やがて「結婚は良いですよ。苦労もあるけれども，良いことのほうが多い。2人で助け合いです」という言葉まで聞かれるようになったのである（林，2012）。

　このように，典型的なライフレビューでは，否定的側面の中にも肯定的側面もあることに気づかれて，人生の見方がおおむね肯定的な方向に変化していく。その結果，抑うつ感の減少，生活満足度の向上，家族や友人などとの人間関係の改善，自己受容，カタルシス，心の平穏などが得られる（Haight & Haight, 2007）。

　高齢者や終末期患者のライフレビューでは，自身の死やスピリチュアリティに関連するテーマに言及されることも多い（林，1999）。その際，聴き手の側が自身の死生観と向き合う姿勢を有していなければ，他者の死生観を尊重しながら死を話題にすることは困難である。

C. 認知症高齢者に対する心理療法的アプローチ

　高齢期の認知症としては，アルツハイマー型認知症，血管性認知症，レビー小体型認知症，前頭側頭型認知症の4つがよく知られている。いずれも，いったん獲得された知能が比較的短期間に低下し，日常生活に支障を来すようになる。

　これらの認知症を元通りに回復させるような治療法はいまだ開発されておらず，現状では薬物療法よりも非薬物療法が重視されている。薬物療法は進行遅延やBPSD（認知症に伴う行動・心理症状）の対症療法にとどまり，しかもメリットよりもデメリットが上回ることが指摘されているからである

（山口，2016）。そのため，認知症の医療においては，ケアにより改善可能な部分をターゲットとすることが重要であることから，「キュア（治療）よりケア」といわれてきた（長谷川・本間，1981）。とりわけBPSDに対しては，認知症高齢者の心理面の安定を図る「メンタルケア」の重要性が指摘されている（厚生省，1994）。

　そこで注目されるのが認知症高齢者に対する心理療法的アプローチである。萱原（1987）は，認知症が重度になっても感情・衝動の部分は比較的，保たれていることから，この心のエネルギーがスムーズに発散されることが必要であると考えた。そのために①話を聞く，②話の意味を理解する，③話の中に積極的に入っていき，自我をサポートするという3段階のモデルを提唱した。それによってBPSDの改善効果が期待できるという。

　また，記憶障害により記憶の一部が損なわれ，断片化したとしても，聴き手が受け皿となってその断片化した記憶を受け取り，ジグソーパズルを組み立てるかのように断片化した記憶を物語として紡いでいくことができれば，患者の語る物語の意味が理解でき，患者と聴き手の間でその物語と意味が共有される可能性が開かれる（林，2022）。さらに，くり返し語られる話題には何らかの意味があることや，認知症高齢者の話を象徴的に理解することの重要性も合わせて指摘されている。そのような態度をベースにライフレビューを行うことによって，認知症高齢者にも否定的側面と肯定的側面の統合がもたらされるという。

　ただし，日本の認知症ケアの現状では，心理援助者の仕事は心理検査などのアセスメントが中心である。「認知症高齢者の視点から世界を見るための洞察力に必要な理解力や共感性，想像力」（Woods，1999）を有した，本当の意味での心理援助者が患者の心の世界にアプローチし，その理解を医療チームで共有することができれば，医療はより個々の患者を大切にした，血の通った人間的なあたたかみを有するものとなる。

D. 医療の原点としての認知症ケア

　ある認知症疾患専門治療病棟の看護師は，「ここには医療や看護の原点があると思います」と述べていた。治療の不可能性を医学・医療の敗北と捉え

るような見方もあるかもしれない。だが，たとえ進行していくばかりで完治が望めない病いであったとしても，その患者に寄り添い，ケアし続ける人の存在することが，患者や家族にとってどれだけ心強く，救いとなることだろうか。

　医療者として，高度な知識や技能を有することが必要であるのは論を待たない。しかし，それだけでは不十分である。ロボットやAIではけっして代替できない，人が人に関わることのパワー。それが医療・保健や福祉，教育など広く対人専門職に共通する，専門性と独自性のコアである。

【注記】本章第3節は，科研費基盤研究（C）17K04424『高齢者のライフレビューが生起するとき―奏功機序の解明と技法論の構築に向けて―』（研究代表：林智一）の助成による。

引用文献

B. M. ニューマン・P. R. ニューマン著, 福富護訳, 新版生涯発達心理学―エリクソンによる人間の一生とその可能性―, 川島書店, 1998.

Butler, R. N., The life review: An interpretation of reminiscence in the aged, *Psychiatry*, 26, 65-75, 1963.

Engel, G. L., The need for a new medical model: A challenge for biomedical, *Science*, 196, 129-136, 1977.

E. H. エリクソン著, 村瀬孝雄他訳, ライフサイクル, その完結, みすず書房, 1989.

E. H. エリクソン・J. M. エリクソン・H. Q. キヴニック著, 朝長正徳他訳, 老年期―生き生きしたかかわりあい―, みすず書房, 1990.

Friedman, D. & Kaslow, N. J., The development of professional identity in psychotherapists: Six stages in the supervision process. *The Clinical Supervisor*, 4, 29-50, 1986.

藤井恭子・野々村典子・鈴木純恵他, 医療系学生における職業的アイデンティティの分析, 茨城県立医療大学紀要, 9, 103-109, 2002.

Haight, B. K., & Haight, B. S., The Handbook of Structured Life Review, Health Professions Press, 2007.

長谷川和夫・本間昭, 老年期の精神障害, 新興医学出版社, 1981.

林　智一, 人生の統合期の心理療法におけるライフレビュー, 心理臨床学研究, 17, 390-400, 1999.

林　智一, 高齢者のケアと心理療法的接近, 岡田康伸・鑪幹八郎・鶴光代編, 臨床心理

学大系18, pp.141-162, 2000.

林　智一, 高齢者の昔語りの心理臨床学的検討―ライフレビュー面接モデルの構築に向けて―(太陽生命厚生財団平成22年度社会福祉助成事業研究・調査助成報告書), 大分大学医学部社会心理学講座, 2012.

林　智一, 認知症高齢者に対する力動的個人心理療法の試み―母親への心理的葛藤を有するアルツハイマー型認知症の高齢期女性との面接過程から―, 香川大学教育学部研究報告, 6, 35-41, 2022.

萱原道春, 老年期痴呆への心理療法的アプローチ, 心理臨床学研究, 5, 4-13, 1987.

厚生省, 我が国の痴呆疾患対策の現状と展望, 中央法規, 1994.

眞鍋一水・岡本祐子, 心理臨床家のアイデンティティ発達に関する研究の動向と展望, 広島大学大学院教育学研究科紀要第三部, 65, 139-147, 2016.

三宅和夫, 発達心理学は医療保健とどのようにかかわっていくべきか, 教育心理学年報, 25, 40-41, 1986.

森慶輔, 人間の発達に関する保健医療系大学生の知識―乳児期, 幼児期, 児童期, 思春期・青年期に焦点を当てて―, 足利工業大学看護学研究紀要, 6(1), 1-10, 2018.

中野良哉・中屋久長・山本双一他, 医療系専門学校生の進学動機と学校適応感, 高知リハビリテーション学院紀要, 11, 13-18, 2009.

日本臨床発達心理士会, 21の実践から学ぶ臨床発達心理学の実践研究ハンドブック, 金子書房, 2010.

西平直, エリクソンの人間学, 東京大学出版会, 1993.

落合幸子・紙屋克子・野々村典子他, 教師からの授業メッセージと職業的アイデンティティとの関連, 茨城県立医療大学紀要, 8, 69-77, 2003.

S. フロイト著, 小此木啓吾訳, 精神療法について　フロイト著作集9：技法・症例編, 人文書院, pp.13-24, 1983.

下山晴彦, 発達臨床心理学の発想, 下山晴彦・丹野義彦編, 講座臨床心理学5　発達臨床心理学, 東京大学出版会, 3-15, 2001.

鑪幹八郎, アイデンティティの心理学, 講談社, 1990.

Woods, R. T., Psychological "therapies" in dementia, In R. T. Woods (Ed.), Psychological Problems of Aging. Wiley. pp.311-344, 1999.

山田裕子・宮下一博, 医療系大学生の進路選択・大学適応感・アイデンティティ形成について―文献レビューによる考察―, 千葉大学教育学部研究紀要, 63, 111-119, 2015.

山口晴保, 非薬物療法, 日本看護協会編, 認知症ケアガイドブック, 照林社, pp.40-42, 2016.

第10章 家族心理学と家族療法

10.1節 家族心理学

A. 家族心理学とは

　人間は生きていく中で家族，学校，職場などさまざまな社会集団との関わりをもつ。その中でも生まれた瞬間から参加する初めての集団であり，死ぬまで参加する最後の集団が家族である。また，家族という集団は他の社会集団と比べても特殊であり，家族に関わる社会問題として児童虐待，高齢者虐待，DV，不登校・ひきこもり，非行など数々の問題が挙げられる。このような家族という集団やそれに関わる社会的な問題について，心理学的側面から探求していく学問が家族心理学である。家族心理学は，家族が個人に与える影響を探究する，健康的な家族の在り方を探究する，家族と社会問題との関連を探究するなど，さまざまな観点から心理学的な研究が行われるが，家族心理学的研究において特に重要な視点の1つが家族システム論である。

B. 家族システム論

　家族という集団を1つのシステムとして捉える家族システム論という視点は，もともと生物学者であったフォン・ベルタランフィ（1973）の「一般システム論」に端を発している。そして，家族システム論における重要な機能として挙げられるのが「自己制御性」と「変換性」である。

　まず，自己制御性とは「システム自身が現在の状態を維持しようとする機能」を意味する。例えば「子どもの不登校に対して学校に行かせようとする親」という状況を自己制御性で理解しようとする場合，「両親は仕事や家事といったそれぞれの役割を果たし，子どもは学校に行くという役割を果たすことで維持されていたシステムにおいて，子どもが学校に行かないという変化を起こそうとしたことに対し，両親が学校に行かせることで元の状態を維持しようとしている」と捉えることができる。システムが現在の形態を維持

していくための機能として，形態維持（モルフォスタシス）とも呼ばれる。

　次に，変換性とは「周囲の環境や新しい環境に合わせてシステム自身が変化していく機能」を意味する。システムにとって自己制御性により状態を維持し続けることだけが健全だとは限らない。例えば，「子どもの独り立ち」を考えた場合に，システムの自己制御性が強すぎると原家族から離れて独り立ちをしようとする子どもに対して，親は現状を維持するためにそれを引き留め続け，結果として子どもの成長を妨げたり，それが親子関係の悪化につながるといった望ましくない影響をもたらすことがある。また，新しい家族の誕生あるいは死別といった家族のメンバーが増減することで現状のシステムが強制的に変わらざるを得ない状況がどこかのタイミングで必ず起こる。このような状況に対して，システム自身が周囲の環境や新しい環境に合わせて適切に形態を変化させていけるのかもまた重要な機能であり，形態変化（モルフォジェネシス）とも呼ばれている。

　以上のように，家族システム論では家族が自己制御性と変換性の2つの機能を駆使することで，家族というシステムが長期的に維持されており，家族内で起こる問題も自己制御性と変換性が不適応的に機能することで発生しているという見方に基づく。なお，システム自身に変化をもたらさない変化（すなわち自己制御性に基づく変化）を第一次変化と呼び，システム自身に変化をもたらす変化（すなわち変換性に基づく変化）を第二次変化と呼ぶ。

C. 家族ライフサイクル

　多くの人間は，人生の中で2つの家族システムに関わることになる。1つ目は自身を生み育ててくれた，自身が子どもとして関わる家族（いわゆる原家族）であり，2つ目は自身が結婚をし，親として子どもを育てる家族（いわゆる創設家族）である。人間の成長に伴う原家族から創設家族への移行，そして自身の子どもが巣立ち，人生の最期に向けて家族で過ごしていくというプロセスにはいくつかのステージがある。このステージを家族ライフサイクルと呼び，マクゴールドリックら（2016）は全7段階を提唱している。各段階には，心理的な移行過程と家族システムとして必要な第二次変化が想定されており，以下のとおりとなっている。

第1段階　原家族から巣立つ時期

　自身の情緒的，経済的な責任を受け入れる時期。原家族から自分を分化させ，家族以外の友人といった社会的な関係性を確立し，経済的に自立し，親子の関係が保護－被保護の関係から相談相手としての関係に変化していくことが求められる。

第2段階　新婚期

　結婚し，新たな創設家族のシステムを作り上げていく時期。夫婦として新しい家族のシステムを形成していくと同時に，自身やパートナーの原家族，それぞれの友人やコミュニティとの関係性を再編成していくことが求められる。

第3段階　乳幼児を育てる時期

　子どもという新しい家族メンバーを受け入れる時期。夫婦に子どもが加わることで，家族システムを新たに調整しなおすことや育児・仕事・家事を協働していくこと，親・祖父母という新しい役割を担うために夫婦それぞれの原家族との関係を再調整すること，新しい家族システムとより大きなコミュニティや社会システムとの関係を調整していくことが求められる。

第4段階　青年期の子どもを育てる時期

　子どもが自立に向けた準備に入り，同時に自身の親が衰えはじめることを受け入れられるように，家族システムを柔軟にする時期。子どもが友人といった家族以外との関係が親密になっていくことに合わせ，家族システムを行き来できるように親子関係を変化させることや子どもが他のコミュニティと関係性を築けるようにサポートすること，自身も中年期に差し掛かるにあたり夫婦やキャリアの問題に改めて向き合うこと，高齢期に差し掛かる自身の親の世話に移行しはじめることが求められる。

第5段階　子どもが巣立つ時期

　家族システムの出入りがさらに増大することを受け入れる時期。子どもが巣立つことで改めて夫婦関係を調整することや親と子どもの関係を大人同士

の対等な関係に発展させること，子どもが結婚し孫が生まれることによる新たな家族メンバーとの関係性やそれを含めたより大きなコミュニティとの関係を再編成すること，子育てから解放されることで新しい関心事やキャリアを探すこと，自身やパートナーそれぞれの親へのケアの必要性や死に対処することが求められる。

第6段階　中年期後期

　世代的な役割の移行を受け入れる時期。生理学的な衰えに直面し，自分自身や夫婦としての機能と関心を維持・修正するために，新たな家族的・社会的な役割を探すこと，自身よりも若い中年期世代が中心的な役割を担えるようにサポートすること，高齢者の知恵や経験を取り入れる余地をシステム内に作りつつ，高齢者世代に対して過剰な介入をすることなくサポートすることが求められる。

第7段階　老年期

　死の現実や自身の人生の完結を受け入れる時期。配偶者やきょうだい，仲間の喪失に対処することや，自身の死に向けて準備すること，中年世代と高齢世代の役割交代を受け入れること，ライフサイクルの変化を認めるようにより大きなコミュニティや社会システムとの関係を再編成することが求められる。

10.2節 | 家族療法

A. 家族療法とは

　家族システムという視点に基づき，さまざまな心理的問題に対して支援的アプローチを行っていくカウンセリング手法が家族療法である。

　家族療法誕生の経緯は1940〜50年代にさかのぼる。当時，家族支援の基本的な治療形態は精神分析に基づいた親子を別々に異なる援助者がアプローチしていくというものだった。精神分析では問題改善のために個人の無意識を理解していくことが目標となり，1人の援助者がクライエントとその関

係者の両方に関わることは無意識の理解に支障をきたすという考えのもとに禁忌とされていた。そんな中で，家族の問題を別々に扱っていくことに非効率性を感じた一部の援助者が家族合同のカウンセリングをすることで，個人の内面だけではなく家族間の関係性にも焦点を当てるという新しいアプローチをはじめた。また，同時期に統合失調症を家族という視点から探求していくという研究が複数発表された。このような臨床と研究の両面において「家族」という要因に注目されたことがきっかけとして家族療法は発展していった。1960～70年代までには，コミュニケーション・モデル，構造的モデル，精神分析的モデル，多世代モデル，体験的モデルなど家族療法の中でもさまざまなモデルが考案された。

　本章では，その中でもコミュニケーション・モデルに基づいた家族療法について詳しく紹介をしていく。なお，コミュニケーション・モデルに基づく家族療法はその後に「ブリーフセラピー（短期療法）」とも名付けられている。これは，これから紹介するモデルが家族という集団のみではなく，職場や学校，友人関係とした他の集団，さらには個人に対しても有効であり，さらには当時のさまざまなカウンセリング手法と比べて短期的に問題改善につなげられることが期待されたからである。

　コミュニケーション・モデルとは，その名のとおり人間のコミュニケーションに焦点を当てたアプローチである。そのため，家族を「システム論」という視点だけではなく「コミュニケーション論」という視点からも捉えることが重要となる。コミュニケーションには個人の精神状態といった内面の要因とは異なり，客観的に観察がしやすいという点に大きなメリットが挙げられる。そして，システム論とコミュニケーション論の使い分けは家族を捉えるための視点の距離によって異なる。家族そのものの全体な力動を理解する際にはシステム論という視点（すなわちマクロな視点）に基づき，家族の中でどのような具体的な力動が起こっているのかを理解する際にはコミュニケーション論という視点（すなわちミクロな視点）に基づく。

　また，コミュニケーション・モデルに基づく家族療法の誕生には，グレゴリー・ベイトソンとミルトン・エリクソンの2人が大きく関わっている。次はこの2人がそれぞれもたらした功績について紹介していく。

B. グレゴリー・ベイトソンの「拘束」

　ベイトソンは文化人類学者であり，家族療法に大きなきっかけを与えたのが先に述べた統合失調症の家族に関する研究である。ベイトソンは統合失調症の症状を家族間のコミュニケーションから説明しようとし，その結果として二重拘束（ダブル・バインド）仮説を提唱した（Bateson et al., 1956）。

　二重拘束仮説を端的に説明すると「人間は抽象レベルの異なる2つ以上の矛盾するメッセージを与えられることで葛藤状態に追い込まれやすくなる」というものである。ベイトソンが挙げた事例を要約すると，以下のようになる。

　　統合失調症で入院している子どものもとに母親が見舞いに来る
　→ 母親が見舞いに来てくれたことが嬉しい子どもは母親のもとに駆け寄る
　→ 統合失調症の子どもが駆け寄ってきたことに驚いた母親は身体を強張らせる
　→ その様子に気づいた子どもは，近寄ってはいけないと思い母親から離れる
　→ 子どもが遠慮している様子に対して，母親は『親に対して遠慮しちゃダメよ』
　　 と伝える
　→ 子どもは親が帰った後に病室で暴れる

　これは，子どもにとって「親に駆け寄ると身体を強張らせて『近づくな』という非言語的なメッセージ」と「親からの『遠慮してはダメだ』という言語的なメッセージ」の抽象レベルが異なる2つの矛盾したメッセージを与えられることで，どちらの行動もできないという葛藤的な状況に追い込まれ，それが暴れるという症状につながったと解釈できるのである。

　そして，この二重拘束仮説は統合失調症の家族以外にも日常的に起こり得るコミュニケーション・パターン（例えば，友達に「一緒に遊ばない？」と誘うと非常に微妙そうな表情をしながら「まあ，いいけど」と返されるなど）として，その後のコミュニケーション研究につながっていった。

　その中でも特に重要なものの1つが二重拘束仮説にも含まれている「拘束（バインド）」という概念である。コミュニケーションにおける拘束とは「任意のメッセージは，それを受け取る者の反応を一義的には決定しないが，その選択幅を制限する」（若島・長谷川，2000）と説明される。例えば，何

も予定の入っていない休日であれば，どのように過ごすのかという選択肢は非常に広がる。テレビを観てもよいし，寝て過ごしてもよいし，買い物に出かけてもよい。しかし，学校や仕事のある平日にはその用事を果たすというように行動の選択肢が制限されてしまう。これは他者とのコミュニケーションでも同様で，1人の場合は本を読んだり，スマホをいじったり，歌ったりと多くの行動の選択肢がある中で，知り合いから挨拶をされたとたんに行動の選択肢が制限されてしまう（多くの場合は，挨拶を返すか無視をするかの2択であり，挨拶をされて歌い出すという反応をする人はいないだろう）。

　このように，コミュニケーション論においてコミュニケーションとは「相手の反応の選択肢を狭めるもの，すなわち拘束するもの」として理解する。そして拘束とは一方通行のものではなくお互いに「相互拘束」するものとして捉える。よくある人間関係の問題として，以下のような現象が挙げられる。

　　仲のよかったAさんとBさんの2人だが，些細なきっかけがあってAさんが『もしかして私はBさんからよく思われていないのかな』と不安を感じてBさんのことを避けてしまう
　　→その様子を察したBさんは『最近，Aさんから避けられているから私は嫌われてしまったのかな』と感じてAさんに話しかけづらくなってしまう
　　→そんなBさんの様子にAさんは『Bさんが前よりも話しかけてこなくなったから，やっぱり私は嫌われているんだ』と余計に避けてしまう
　　→お互いに避け合うことがエスカレートする中，そんな様子に気づいたCさんが『二人とも仲よかったのにどうしたの？』と聞くと，AさんとBさんのそれぞれが『向こうが私のことを嫌いになったから避けているんだ』と相手を原因にする

　このように私たち人間（厳密には動物も含めて）のコミュニケーションは相互拘束により成り立っており，「コミュニケーションにおける互いの反応は，自由にとっているのではなく制限された中からとらされている」と理解していく。家族療法においても同様に，家族の問題を家族間のコミュニケーションにおける相互拘束という観点から捉えていくのである。

C. ミルトン・エリクソンの「治療技法」

　エリクソンは催眠療法家である。しかし，従来の催眠療法とは一線を画したユニークで独創的なアプローチは，「催眠療法」という一領域を飛び越えてさまざまなアプローチに影響を与えた。エリクソンが家族療法の誕生に関わる経緯として，ベイトソンとの交流を通じてベイトソンのコミュニケーション研究チームのメンバーであり，後の家族療法の創始者たちともいえるジェイ・ヘイリーやジョン・ウィークランドがエリクソンのもとに治療技法を学びに行ったことから始まった。

　エリクソンのアプローチがユニークだった点は数多くあるが，その中の1つが行動処方であった。項目Aで述べたように，1940年代頃は精神分析が主流であり，精神分析では症状を「問題の顕在化」と捉えたうえで無意識をとおして問題の「根本的原因」を理解するというのがアプローチの基本であった。そして，無意識の理解にはクライエントの語りが重要となるため，クライエントが話す言葉に耳を傾け続けるという非指示的なスタンスであった。それに対して，エリクソンは症状が「問題に対して何とか適応しようとしたが上手くはいかなかった努力の象徴」と捉え，この努力が適応的な別の方向に向くために具体的な行動を指示するというアプローチをとっていた。さらに，クライエントの変化は「面接室の外で体験したことから起こり得る」と考えて，「課題」として行動を処方していた。そして，エリクソンのアプローチにおける特徴のもう1つが「利用」である。

　利用（ユーティライゼーション）とは，クライエントは自らの問題を解決していくために必要なリソースをはじめからもっているという前提のもとに，治療に効果的だと思われるもの（クライエントの問題，生活環境，日常的な行動，本人の能力，周囲の人間関係など）は何でも活用するというスタンスである。これらは，クライエントの固定化している問題のパターンを変化させるために用いられる。例えば，問題の利用については「これまでダイエットとリバウンドをくり返しており，もうリバウンドをしないように痩せさせてほしいと訴える女性に対して『それでは，今からさらに10 kg体重を増やした後ならダイエットをはじめてもよいですよ』」と課題を出すことで，「体重を減らす → 増える → 減らす → 増える」というパターンから「さらに増

えさせる」という問題パターンを崩すことを促し，問題の改善に導いている。また，生活環境の利用として「1人暮らしで意気消沈している老人に対して，『家にある花をたくさん育てて周囲の人たちがめでたい時や悲しい時にその花を贈るように』」という課題を出すことで，「1人で意気消沈している」という問題パターンから「花をたくさん世話するほどに忙しく，花を贈ることで周囲の人たちから慕われる」という変化を導いた。

　これらの「行動処方」や「利用」を例とするエリクソンのアプローチにおいて求められるのは，セラピストの柔軟性である。「この問題に対してはこのアプローチ」といったマニュアル的な判断ではなく，クライエントそれぞれの個別性に合わせたオリジナルなアプローチを創り出していくことが重要であり，そのためにはクライエントに対する尊敬と尊重に基づいた観察と「症状＝問題」とは捉えずに，役に立つものであれば何でも利用するという柔軟な思考力と発想力が必要となってくる。このセラピストの柔軟性こそが，問題の短期的な改善を可能とする。コミュニケーション・モデルに基づく家族療法がブリーフセラピー（短期療法）と名付けられた経緯には，エリクソンのアプローチが参照されたことの影響が大きいといえる。

コラム　親の問題を子どもの変化に「利用」する

　家族に関する問題を扱う場合，相談者となるクライエントは「問題を呈した本人ではない」場合が少なくない。他の家族メンバーが問題を抱えている状態をどうにかしたいという思いで専門家に相談に来るのである。しかし，これはあくまで相談者の望みであって，問題を抱えている本人（これを家族療法では「IP（Identified Patient）：患者（問題）と見なされた人」と呼ぶ）が改善したいという動機づけを必ずしももっているとは限らない。ここで，クライエントがもっていた別の問題を「利用（ユーティライゼーション）」することで，IPの問題を改善した事例について紹介する。

　ある日，セラピスト（筆者）が勤務していた相談機関に中学生A君の不登校について母親が電話をしてきた。A君が学校に行っておらず，母親が何とか行かせようとするものの上手くいかないため相談したいとのことだった。また，母親は職場の人間関係でうつ病により通院中とのことだった。現状，A君がカウンセリ

ングに来ることは難しいだろうとのことで，まずは母親とのみ面談することになったが，当日になり母親からＡ君も連れていくという連絡があり親子で来談した。

　私はまずＡ君と２人で話をさせてほしいと親子に伝え，母親のみを待合室に案内した（その際，あるプランのもとにＡ君に母親のうつ病について話をすることの了解を得た）。そして，Ａ君と２人で話をはじめ，挨拶をした後に唐突に「今日，正直に言うと連れてこられたでしょ？」と聞き，頷いたＡ君に「だったら，Ａ君にとっては僕に相談したいことって特にないよね？」と聞いた。Ａ君は当然のように頷いたため，「それはそうだよね。ところで，Ａ君のお母さんが仕事のことで体調を悪くしているのは知ってる？」と聞くと，Ａ君が「それは知っています」と答えた。そこで，「実はせっかく来てくれたＡ君に僕からお願いしたいことが１つあって，Ａ君が学校に行くかどうかを僕から話すつもりはまったくなくて，それよりもどんなことでもいいからお母さんがちょっとでも楽になるようにＡ君に助けてあげてほしいんだけど，協力してくれないかな？」と協力を依頼した。それに対し，Ａ君は即答で「やります」と答えてくれた。私は「ありがとう。じゃあ，どんなことでもいいからＡ君ができそうなことでお母さんを楽にできそうなことって何がある？」と聞くと，10秒ほど考えたＡ君は「学校に行く」と言いだした。私は思ってもいなかったＡ君の回答に驚きつつも，Ａ君の合意のもと学校に行くための話し合いをすることとし，その後は数回の面談を経てＡ君は学校に復帰した。

　以上のように，Ａ君の不登校に対して母親の体調不良という別の問題を利用することでアプローチした事例である。来談の経緯から，筆者はＡ君本人にとっては「不登校の話」をすることに対してのニーズはおそらくないだろうと考え，筆者から母親の体調不良を活用して「お母さんを助ける話」をお願いするというアプローチを選択した。結果としてＡ君はお母さんへのサポートとして「学校に行く」ことを自発的に決めたが，文中のとおり私はそこまでは想定していなかった（学校に行かずとも，家で母親の家事の手伝いをするあたりだろうと考えていた）。

　本事例は，Ａ君が「学校に行く」と答えたことが重要なのではない。Ａ君が「お母さんを支える」ことに同意してくれたことが最も重要なのである。これによってＡ君の「何か」が変わり，その「何か」はきっと母親にとってよいものであるはずなのだから。この変化のきっかけを意図していたのである。

D. 問題－偽解決モデル

　ベイトソンのコミュニケーション研究，そしてエリクソンの治療技法の影響を受けてコミュニケーション・モデルに基づく家族療法のアプローチが考

案される。それが問題－偽解決モデルである。これはMRI（メンタル・リサーチ・インスティチュート）という研究所で誕生したことから，MRIアプローチ（もしくはMRIモデル）とも呼ばれる。問題－偽解決モデルの特徴は「円環的認識論」に基づくことである。ここで，多くの人にとって心当たりがあるだろうシチュエーションを例に挙げて説明したい。

　　今年，高校受験のＡ君。お母さんもＡ君が志望校に合格することを願って，応援したい気持ちで一杯です。しかし，Ａ君も勉強をしなければならないことがわかりつつも，なかなか集中することができません。勉強机に向かいながらもどうしても気が散ってスマートフォンばかり見てしまいます。
　　そんなＡ君の様子を見たお母さんは，Ａ君に志望校に合格してほしいあまりについつい声を荒げて言ってしまいます。「あんた，勉強もせずにスマホばっかり見て，そんなんで行きたい高校に合格すると思ってんのっ！」
　　そしてお母さんの言葉に対して，Ａ君も煩わしそうに言い返します。「うるさいな，そんなこと言われなくてもわかってるよっ！　そもそも俺の受験のことなんだから関係ないだろっ！」
　　こんなやり取りが日常的にくり返され，お互いにストレスが溜まる毎日です。

　このような状況の中で，もし母親が「子どもが勉強しないこと」を問題として相談に来た場合に私たちはどのように理解していくことができるだろうか。例えば「原因→結果」という直線的な因果関係（これを直線的認識論と呼ぶ）で捉えた場合，母親の立場からすれば「子どもが勉強しない（原因）」から「自分が叱る（結果）」という仕組みになるだろう。そして，このような捉え方をしてしまうと，母親が叱るという「結果」が変わるためには「原因」である子どもが先に変わる必要が生まれてしまう。しかしながら，この状況を問題視しているのは母親であり，子どもとしては「自分が母親から言われたとおりに勉強をするようになること」を望んでいるとは限らず，そもそも相談の場に来る可能性も低いだろう。セラピストと母親は問題の原因と見なされている子どもがいない場で子どもをどう変化させるか，もしくは子どもをどうやって面談に呼ぶかを考えなければいけなくなる。
　一方で，円環的認識論では事象を直線ではなく円環（あるいは循環）として理解していく。これは「原因→結果」ではなく，ある「問題」を解決しよ

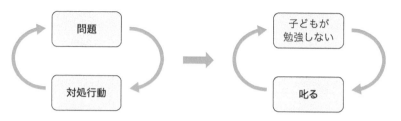

例：子どもの勉強に関わる親子の悪循環
（母親視点）

問題

対処行動

子どもが
勉強しない

叱る

図10.1　問題－偽解決モデルの悪循環

うとして引き起こされた「対処行動」が，結果としてさらに「問題」を引き起こすことで状況が維持されているという「悪循環」として捉えていく（**図10.1**）。また，この悪循環はコミュニケーションの拘束により引き起こされているものだと考える。つまり，前述の例に当てはめると「母親は子どもが自分の受験のことなのに勉強をしていないという問題に対して，それを解決するための対処行動として『叱る』という手段を取らざるを得ず，子どもは叱られることで余計に勉強をする気持ちが削がれてしまい，そんな子どもに母親は叱らなければいけなくなる」といった仕組みが想定できる。このように，問題と解決しない対処行動（すなわち偽解決）の悪循環を「問題－偽解決モデル」と呼ぶのである。

　問題－偽解決モデルでは，問題と対処行動の悪循環に対して対処行動を変更することで悪循環を切断することを基本とする。これは，対処行動が偽解決ではあるものの問題を変化させるための意欲に基づいた行動であり，問題の改善という目標においては比較的変更が容易であることが期待できるからである。また，問題に対して直接アプローチする必要がないため，問題と見なされている本人が相談の場に来なくても状況改善を検討していける点も大きなメリットであるといえるだろう。

　問題－偽解決の悪循環を切断するために，家族療法ではクライエントに対して次回の相談までに実行してもらう具体的な「介入課題」を提案して，対処行動を変更していく。この介入課題を考えるための重要な基準の1つがメタ・メッセージである。メタ・メッセージとは，相手からのコミュニケーシ

ョンがどのような「意味」で伝えられたのかという受け取り方のことである。例えば，「ちょっとしっかりしてよ」という言葉を怒った口調と表情で伝えられる場合と，柔らかい口調と笑顔で伝えられる場合では，まったく言葉の意味の伝わり方が変わることは容易に理解してもらえるだろう。また，このメタ・メッセージはコミュニケーションの「受け手」に依存するため，「送り手」がメッセージに込めていた意味がどのようなものであるかは重要ではない。これにより「子どもの将来を心配して」叱っていた母親の思いと「自分の行動にうるさく口出しされたと感じて」気持ちが削がれる子どもの思いにズレが生じるのである。

　そこで，問題−偽解決モデルでは悪循環が続いているコミュニケーション・パターンの中で，クライエントの現状の対処行動が伝えているであろうメタ・メッセージが変化するような介入課題を提案する。例えば「夜，勉強中の子ども（実際に勉強しているかどうかにかかわらず）に，『あなたも勉強でいろいろと気が滅入ったりすることもあると思うけど，後悔しないように頑張ってね』と手作りのおにぎりを差し入れる」などが考えられる。このようなコミュニケーションであれば，子どもとしても「口うるさい説教」ではなく「自分の受験を応援・労ってくれている」という肯定的なメタ・メッセージを受け取りやすいことが期待され，結果としてこれまでの悪循環とは異なるパターンに導かれることになるだろう。このように，相互拘束された結果として形成されている現在の悪循環のコミュニケーションを，実際の対処行動およびその対処行動から受け取られるメタ・メッセージを変化させることで，「良循環」に拘束していくことを目指すのである。

E. 解決志向モデル

　次に紹介する解決志向モデルは，問題−偽解決モデルが誕生したMRIの研究員でもあったスティーブ・ド・シェイザーとインスー・キム・バーグによって提唱・発展された。

　解決志向モデルの特徴は，その名のとおり「解決」に焦点を当てることである。前述した問題−偽解決モデルは問題が維持されている悪循環に注目されることから「問題志向」といえる。一方で，解決志向モデルでは問題が起

こっている中でも少しでも問題に対して上手くいった，もしくは役に立ったという「例外」に着目をする。言い換えるなら，問題の中で少しでも問題ではないとき（すなわち「解決」しているとき）に視点を向けるのである。

　何かしらの問題を抱えた際，人間とはその問題を解決するために問題そのものへ意識が拘束される。これは，その問題が自身にとって重要であればあるほど強くなる。一方で，問題の状態とは常に一定ではなく波があるものであり，多くの場合は「いつもと比べて問題に感じないでいられるとき」や「いつもと比べて少しでも上手く対応できたとき」や「いつもと比べてちょっとでもマシなとき」といった「いつもと比べると少しでも解決に近い状態」が例外的に存在しているものである。これは，問題－偽解決モデルで言い換えると全体的には悪循環が存在している中で，悪循環が起こっていない瞬間，あるいは悪循環が弱まっている瞬間として捉えることができるだろう。しかしながら，問題を抱えた際の人間はその問題をなくすことに意識をとられるあまりに「問題がある中で少しでも問題ではない『例外』の瞬間」に注目することは難しい。これは問題を抱えたクライアント本人だけではなく，それを支えるセラピストにとっても同様で，セラピストがクライアントの問題を理解しようとすればするほど問題志向になってしまう。解決志向モデルは，当たり前に問題志向に陥りがちな私たちに対して，新たな視点に気づかせるきっかけを与えてくれるのである。

　ここで，問題状況における例外の一例を紹介する。

A君の不登校（母親の立場から）
問題：小学生A君は半年ほど前からほとんど学校に通わなくなった。
例外：現在も不登校状態は基本的に続いているが，毎週水曜日だけは午後からで
　　　あれば学校に行けていることが多い。

Bさんの仕事ぶり（上司の立場から）
問題：Bさんは他の職員に比べると仕事のスピードが遅く，仕事が溜まりだすと
　　　体調不良によって仕事を休みだし，周囲が溜まった仕事に対応するという
　　　ことがくり返されている。
例外：以前に任された仕事で，Bさんにとって先輩であるCさんをサポートにつ

いてくれていたときは，仕事が溜まって体調不良になるということはなかった。

Cさんの不眠（本人の立場から）
問題：Cさんはある時期から不眠が続いており，布団の中で眠ろうとすればするほど余計に眠れないという日々が続いている。
例外：職場で珍しく力仕事をすることがあり，身体的にとても疲れていた日にはいつもより早く眠れた。

　以上のように，全体的には問題が存在しているものの限定的には通常よりも問題が解決しているという例外が見つかった場合，解決志向モデルではその例外的な状況を意図的に拡張していくことによって例外を大きくしていくようなアプローチをしていく。問題の中の例外を拡張することで，相対的に問題を縮小していくのである（**図10.2**）。例外の拡張は悪循環の切断に比べるとクライエントにとって実行しやすいというメリットがある。これは，例外がクライエントのこれまでの日常において実際に起こった出来事に基づいており，未知のことではなくすでに経験済みのことだからだ。つまり，クライエント自身が例外を例外として認識することができれば，あとはそれを参考に少しずつ広げていけばよいのである。また，問題における例外が見つからない場合にはクライエントに「次回の相談までに問題に関して少しでも上手くいったときやちょっとでもマシだなと思えたときについて観察をしてきてほしい」という「観察課題」を提案することができる。この観察課題も

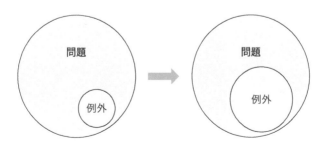

図10.2　解決志向モデルの例外の拡張

クライエントを解決志向に促すよいきっかけとなるのである。

　ここまで，問題－偽解決モデルと解決志向モデルという2つのモデルについて紹介してきた。これらは「問題志向」と「解決志向」，「問題の悪循環への注目」と「悪循環から外れた例外」といった真逆の方向性に基づいたアプローチに感じる人も多いだろう。しかし，この2つのモデルをまったく別のものではなく表裏のアプローチとして統合的に捉えたモデルが，長谷川・若島（2002）による二重記述（ダブル・ディスクリプション）モデルである。クライエントの問題に対して，問題－偽解決モデルと解決志向モデルの2つの視点から二重に記述していくというモデルである。

　このモデルでは，クライエントの問題において例外が見つかるかどうかを基準として，例外が見つかった場合には解決志向モデルによる例外の拡張を行い，例外が見つからなかった場合には問題－偽解決モデルにより悪循環の探索と切断を行っていくという使い分けを提案している（**図10.3**）。解決志向モデルの視点のみで考えていくと例外が見つからない場合にはアプローチの手段が封じられてしまうことになるが，問題－偽解決モデルの視点に基づくと例外が見つからないくらい「強固な悪循環」が存在していると考えることができる。強固であるということは理解しやすいということでもあるた

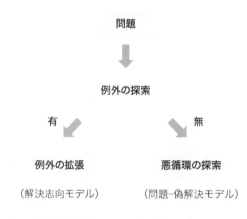

図10.3　二重記述（ダブル・ディスクリプション）モデルのイメージ

め，そのような状況では解決志向モデルよりも問題−偽解決モデルの方がアプローチとして効果的であることが期待できるだろう。以上のように，2つのモデルのどちらか一方のみで問題を捉えていくのではなく，2つのモデルを同時並行的に捉えて使い分けていくことで，問題に対してより幅広いアプローチが可能となるのである。

G. 医療における家族療法の可能性

　最後に，ここまで紹介してきた家族療法が医療現場においてどのように貢献できるのかという可能性について考えていきたい。

　まず1点目は，患者本人に対しての活用である。家族療法誕生の経緯としては，問題を個人という視点ではなくシステムという視点から捉えることに端を発しているが，コミュニケーション・モデルに基づく家族療法は，問題−偽解決モデル，解決志向モデル，そして二重記述モデルのいずれにおいても，家族といった関係性に基づく問題だけではなく個人の問題に対しても適応が可能な理論をもっている。特に，解決志向モデルについては重篤な病気といった簡単には解消できない問題を抱えている中で，ちょっとでも調子が良いときや気分が楽なときといった例外に焦点を当てることで，これまで問題を抱えつつも患者本人が気づいていなかった「解決の種」を探すことができるかもしれない。

　2点目は患者の家族に対する活用である。当然のことながら医療現場では患者をいかに支えるのかが最も重要な目標となるだろう。しかしながら，近年大きな課題となっている認知症患者の介護家族や障害をもった子どもを育てる親など，患者本人だけではなくその家族も支えていくことが重要であるケースも決して少なくない。そのような場合に，患者とその家族の相互作用に基づいて支援が可能な家族療法は大きな貢献が期待できるものであり，患者家族に対する支援を通じて，患者本人を支えていくこともできるだろう。

　現在，医療現場における臨床心理学的知識の活用は精神科や心療内科といった心因的な問題を扱う領域が中心となっているのが実情だろう。しかしながら，上記のような問題に対応できるからこそ身体疾患の問題を抱える患者や家族を支えることにも寄与できるものであり，今後の医療現場における臨

床心理学の「伸びしろ」であるといえるのではないだろうか。医療現場における家族心理学および家族療法のさらなる発展に期待したいものである。

コラム 受診拒否は患者の抵抗？ それとも活力？

　カウンセリングにおいて，クライエントの心身の状態に大きな負担がかかっていることが見込まれた場合，セラピストとしては当然のことながら医療機関への受診を勧める。そして，こういった受診勧奨にクライエントが拒否の意思を示した場合，私たちは治療に対する抵抗という「厄介」なものとして捉えがちになる。しかしながら，クライエントの医療機関に行きたくないという意思はときには変化につながるためのモチベーションとして機能することもあるのではないだろうか。ここでは，そんなことを考えされられたとある事例について紹介したい。

　ある日，セラピスト（筆者）が勤務していた機関に，ある企業に勤めるＢさんが面談を申し込んできた。Ｂさんは２ヶ月ほど前に異動で新しい部署に異動したが，慣れない仕事に大きなストレスを感じ，精神が疲弊していた。その結果，不眠・食欲不振・無力感・絶望感といった抑うつ症状を呈してした。そこで，セラピストは念のために医療機関に受診することを勧めたがＢさんは拒否した。主な理由としては，もし受診をしたら病気休暇の判断が下されることを予感しており，一度休みを取ったら仕事に復帰できる自信がもてないからとのことだった。加えて，部署に迷惑をかけたくないので上司にも知らせないでほしいと述べた。
　セラピストは現状が続くことへの心配から，「Ｂさんの上司には伝えないので，せめて人事部門には事情を伝えさせてほしいこと」と「今後も継続的なカウンセリングの機会を設けて，体調を確認させてほしいこと」の承諾を得た。セラピストが人事部門にＢさんの状況を伝えたところ，人事部門は即座に「Ｂさんを元の部署に再異動させること」という対応策を提案してくれた。セラピストはすぐにＢさんと再面談の機会を作り，人事部門からの提案を伝えると，Ｂさんはその提案を受け入れたいと回答した。その後，Ｂさんは以前の慣れた部署に戻ることで体調が改善し，医療機関を受診することなく問題が解消された。

　以上のように，医療機関への受診を拒否したＢさんではあったが，周囲と協力して適切に対応できることで結果的に医療機関を受診することなく問題が改善できた事例である。もしＢさんがセラピストに言われたままに医療機関に受診をした場合，恐らくはＢさんの予想どおりに病気休暇を取ることになり，本事例ほど早期に問題が解消されることはなかっただろう。つまり，今回のケースにおいて

はBさんの受診したくないという思いが活力となり，元の部署で体調不良から改善できるための原動力になったことが推察される。断っておきたいのは，ここでいいたいのは医療機関の受診が必要なクライエントに対して，受診を勧めるのを慎重になるべきだということでは決してなく，私はBさんのような体調のクライエントがいれば，今後も医療機関の受診を勧め続けるだろう。しかしながら，通常的には「厄介」であると捉えられがちなクライエントの受診拒否も，ネガティブな側面だけではなく状況によってはポジティブに機能しうるということも私たちは知っていてもよいのではないだろうか。

引用文献

Bateson, G., Jackson, D. D., Haley, J. & Weakland, J., Toward a theory of schizophrenia. *Behavioral Science*, 1, 251-264, 1956.

L. V. ベルタランフィ著，長野敬・太田邦昌訳，一般システム理論，みすず書房，1973.

長谷川啓三，構成主義とことば，短期療法の関係．現代のエスプリ287「構成主義」，5-16, 1991.

長谷川啓三・若島孔文編，事例で学ぶ家族療法・短期療法・物語療法，金子書房，2002.

McGoldrick, M., Preto, N. G. & Carter, B. A., The expanding family life cycle: Individual, family, and social perspectives. 5th ed., Pearson., 2016.

若島孔文・長谷川啓三，よくわかる！ 短期療法ガイドブック，金剛出版，2000.

第11章　トラウマケアの理論と実践

11.1節｜トラウマ体験とは何か？

　試験や大切な人との喧嘩等，私たちは日常生活を送る中でさまざまなストレスと出会う。そうしたストレスは，適度であれば生活のよい原動力になるが，程度によっては私たちの心身に苦痛をもたらす。また，人は時にそうしたストレスの許容範囲を大きく超える危機的な出来事を体験し，トラウマ（trauma）を抱えることがある。

　トラウマは，自身の対処能力を超えた出来事に直面した人が，心理的苦痛を伴う状態を示し（Figley, 1985），「こころのケガ」と喩えられる。では，対処能力を超えた出来事とは何なのだろうか。実は，このトラウマの原因となる出来事（トラウマ体験）には，大きく2つの考え方が存在する（西ら，2021）。

　1つ目は，実際にまたは危うく死ぬ，重症を負う，性的暴力を受ける出来事をトラウマ体験と捉える考え方であり，これは狭義のトラウマ体験とされる。例えば，虐待，性暴力，犯罪，事故，災害，自死や殺人のように暴力的で予期することが難しい死別等が挙げられる。これらの出来事を，自分が体験することはもちろん，他者に生じたことを目撃したり，親しい人がそうした出来事に直面したことを耳にしたりすることも，トラウマ体験になりうると考えられている。

　こうした狭義のトラウマ体験は，心的外傷後ストレス障害（Posttraumatic Stress Disorder；以下，PTSD）の診断基準（高橋ら監訳，2014）に沿った考え方であるが，「生命を脅かす出来事」と聞くと，身近な問題ではないように感じる人もいるかもしれない。しかし，日本の20歳以上の地域住民を対象とした研究（Kawakami et al., 2014）では，約6割の人が上記のような形でトラウマとなる出来事を体験しているという事実が明らかになっており，トラウマは決して他人事ではない。特に，医療従事者はこう

したトラウマ体験を抱える人に医療的なケアを提供する機会も多いだろう。

　2つ目は，生命の危機は生じていなくとも，個人が主観的に心理的・身体的苦痛を感じ，長期的に強い影響を及ぼす出来事をトラウマ体験と捉える考え方である。例としては，子ども時代の両親の別居や心理的ないじめ等が挙げられる。これらは広義のトラウマ体験とされる。

　本章では，主に狭義のトラウマ体験によって生じるこころのケガに言及していくが，PTSDの診断基準に該当しないとはいえ，広義のトラウマ体験を有する人にも後述するPTSD症状の一部が認められることはあり，そうした人々の体験を決して軽視してはならない点を心に留めておいていただきたい。

11.2節 トラウマ反応を理解してトラウマを「見える化」しよう

　すでに述べたように，トラウマは生命を脅かす出来事によって心理的苦痛を伴う状態を示し，「こころのケガ」と喩えられる。ただし，身体のケガと異なり，こころのケガを理解するのが難しい点は，このケガが目に見えないところにある。例えば，身体のケガは外から傷口が確認できる。また，骨折のように外から見えにくいケガであっても，レントゲン等の検査を用いれば，ケガをしているという事実はすぐに明白になる。そのため，身体のケガは，本人や周囲から容易に気づかれ適切なケアを施されやすく，本人が訴える痛みも，ケガが原因であるため当然のこととして受容されやすい。

　一方でトラウマ，つまりこころのケガはどうだろうか。こころのケガは外から見てもわからない。また，多くの場合，虐待等のトラウマ体験がある人は，自身が被害者であることを恥じていたり，出来事の性質上，人を信じることが難しくなっていたりするため，自らの体験を積極的に話そうとしない（亀岡，2020a）。それゆえ，周囲はこころのケガの存在に気づきにくく，本人も何事もなかったかのように振る舞い，心理的・身体的不調を抱えて生きることが当然となるため，自身がケガをしている事実に気づかないことがある。その結果，こころのケガは適切なケアにつながりにくく，さまざまな形で表出される痛みも正しく理解されないまま，さらなる生きづらさへつな

がってしまうこともある。だからこそ，より多くの人がトラウマの知識を身に着け，見えないこころのケガを「見える化」していく必要がある（亀岡，2020a）。

　そのためにも，まずはトラウマ（こころのケガ）を抱える人が，具体的にはどのような症状を呈するのかを説明する。

　トラウマによる症状（トラウマ反応）には，行動，認知，身体，感情面におけるさまざまな困難があり（コーエンら，2014），具体的には，抑うつや不安，倦怠感等が挙げられるが，典型的な反応としてPTSD症状が存在する。PTSDは，狭義のトラウマ体験に直面した人が，後述する4つの症状を1ヶ月以上呈し，日常生活の機能障害が認められた場合に診断される（高橋ら監訳，2014）。なお，本章では，典型的なトラウマ反応としてPTSD症状を紹介するため，診断の詳細については割愛する。

A．侵入症状

　トラウマ体験の記憶が，意図せず頭の中で蘇ってしまい，心身に大きな苦痛が生じる症状である。侵入症状を理解するうえで重要なのは，このトラウマ記憶の想起は，通常の記憶の想起とまったく異なるという点である。例えば，頑張ったテストで思う点数が取れずショックを受けた記憶であれば，何日に何のテストで何点を取りショックだった等と，時系列で想起することができる。また，その記憶は思い出すと少々苦痛ではあるが，大きく混乱することはなく，思い出したくない時には自分で考えないでいることができる。

　一方，侵入症状で思い出される記憶は，意図せず想起され，内容も断片的で，思い出した本人はその時と同等，あるいはそれ以上の強い苦痛を感じることがある。**図11.1**は身体的暴力を受けた被害者の侵入症状の例である。図上部の暴力被害というトラウマ体験の記憶が，図下部のように被害者の頭の中で断片的に浮かび，当時の感情や身体感覚が再び生じていることがわかる。また，侵入症状は悪夢という形で現れることもあり，子どもの場合，遊びの中でトラウマ体験と関連した表現をくり返すことがある。例えば，身体的虐待を受けた子どもが，人形を使い暴力を受けた様子を再現することがある。

　さらに，場合によっては，過去のトラウマ体験が今その時に起きているか

●被害者Aは加害者Bに突然暴力を振るわれた
（過去のトラウマ体験）

加害者B

おい！
何見てるんだ！

被害者A

●身体感覚
　ドキドキ，震え
●感情・考え
　恐怖，無力感，恥，
　不信（誰も助けてくれない）

トラウマ体験後

被害者Aの侵入症状

・過去に体験した，「おい！」という
　加害者の怒鳴り声や加害者の顔（目），
　等が意図せず，断片的に「今」頭に
　浮かぶ

●被害時の感情・考えが
　「今」生じる
・「誰も助けてくれない」
・恐怖，無力感

●被害時の身体感覚が
　「今」生じる
・ドキドキ
・震え

図11.1　侵入症状の例

のように生々しく記憶が蘇るフラッシュバックが生じ，その出来事に見舞われた時のように行動し，当時の関係性がくり返される再演が見られることもある（亀岡，2020b）。例えば，性暴力被害を受けた子どもが，遊びの中で保護者や友人から何気なく触られた際，触れてきた人が加害者に見えて，相手を蹴る等して抵抗しようとすることが挙げられる。もちろん，こうしたフラッシュバックは大人にも生じうる。

　なお，多くの侵入症状はリマインダー（きっかけ）と呼ばれる，トラウマ体験に関連する日常の無害な刺激によって引き起こされる。リマインダーには，人，場所，物，言葉，気持ち，考え（例：自分はだめな人間だと思う），

匂い，状況等があり，その内容は実に多様である。先のフラッシュバックの例であれば，遊びの中で身体に触れられるという本来無害であるはずの刺激が，性暴力を想起させるリマインダーになっていることがわかるだろう。

　もう1つ，医療現場の例を挙げてみよう。幼少期に大声で怒鳴られながら身体的虐待を受けていた成人の患者が，病院を受診したとする。診察や治療を受ける中で，この患者が医療従事者から大きな声で言葉かけをされると，どのような反応が起きるだろうか。もちろん医療従事者に悪気はないし，通常であれば無害な刺激なのだが，患者にとっては大きな声がリマインダーとなり，恐怖で固まったり，何も感じられなくなって黙りこんでしまったりするかもしれない。この身体が固まる反応をフリーズ（Freeze），何も感じず考えられなくなる反応を解離といい，いずれも恐怖から自分を守ろうとする反応である。それはまさに，身体的暴力に恐怖を感じながらも，何とかその暴力が止み，危険が過ぎ去ることを待っていた幼少期の「再演」である。

B. 回避症状

　先述した侵入症状はとても苦しいものである。だからこそ，人はその苦痛から自分を守るため，トラウマ体験を想起させるような人，場所，物，行動，状況等を避けようとする。これが回避症状である。確かに，こうしたリマインダーを回避できれば，侵入症状が生じるリスクは大幅に下がり，一時的に苦痛は和らぐ。しかしながら，無害な刺激を避け続けると，それが本当に無害である事実を学習することが難しくなり，避ければ避けるほど，その他の刺激にも不安や恐怖は広がっていく。

　例えば，交通事故を体験した人が，最初は事故に遭った特定の色の車を見ないようにしていたが，徐々に車すべてが怖くなり，外出することも困難になる場合がある。つまり，一時的には安心をもたらす回避症状であるが，くり返すことでその人の豊かな社会生活の幅が狭まり，長期的には支障が生じてしまうのである。なお，トラウマ体験について考えない，話さないようにすることも回避症状の1つである。

C. 認知と気分の陰性の変化

　トラウマ体験は，直面した人に予期せず圧倒的な恐怖や無力感をもたらす。そのインパクトは，本人の信念や物事の感じ方を一変させるほどであり，トラウマを抱える人は，「自分はダメな人間」，「自分のせいでこうなった」などと，自身やその出来事の原因に関し，否定的な信念を抱いたり，「世の中は危険」などと，世界への安心感が揺らいだりすることがある。特に，虐待等のように，他者からの加害でトラウマを抱えた場合，「他人はすべて信用できない」と，人への信頼感が根幹から揺らぐこともある。また，幸福感を感じられず，怒りや恐怖等の陰性感情ばかりが膨らみ，以前は楽しんでいた活動をすることが困難になる場合もある。

D. 覚醒度と反応性の著しい変化

　先述したように，トラウマ体験には圧倒的な恐怖が伴う。そのため，トラウマ体験に直面した人は，二度と同じ思いをしないよう常に周囲に注意を向けて覚醒状態を保つようになる。具体的には，イライラする，物事に集中しにくくなる，少しの物音にもビクビクする，安心して眠れなくなるなどがある。

　以上がPTSDの主要な4つの症状であるが，トラウマ反応にはその他にもさまざまな症状が存在する。例えば，**表11.1**の「認知・感情的側面」で示したように，こころにケガをした人は抑うつになるだけでなく，他者を心配させてはいけないと考え，表面上は元気な振る舞いをすることもある。

　また，「身体的側面」としては，覚醒度と反応性の著しい変化でも述べた通り，トラウマ体験を抱える人は心身が緊張・興奮状態にあるため，頭痛や肩こりに苦しむこともある。そのため，身体症状を主訴に病院を受診した人でも，その人にトラウマがあるのではないかと指摘するかは別として，背景にトラウマが存在するかもしれないという目を向けることは大切である。

　さらに，「行動的側面」で示してあるように，トラウマ体験を抱える人の中には，自身の苦しみを一時的にでも緩和させるため，自傷行為を行ったり，アルコールやカフェインを過剰摂取したりする者もいる。実際に，筆者が出

表11.1　トラウマ反応のその他の反応の例

認知・感情的側面	抑うつ・不安, ハイテンションになるなど
身体的側面	頭痛・腹痛・肩こり・微熱など
行動的側面	自傷行為・退行（赤ちゃん返り）・対人関係トラブルの増加　アルコール・薬物・カフェインへの依存（摂取量の増加）・引きこもりなど

会った当事者の中には，「虐待を思い出して，辛い時にコーヒーを沢山飲むと元気になった気がして，何とか頑張れた」と語った者も存在した。本来であれば適切なケアを受け，より安全にトラウマ反応へ対処する方法を学ぶことが望まれるが，本人はトラウマ体験後も続く人生を何とか生き延びようと，自身ができる対処をとってきたわけであり，その行動の意味や今日まで必死にサバイブしてきた過程を，私たちは決して失念してはならない。

　このように，トラウマは多様な症状を本人に生じさせ強い苦痛をもたらす。また，その影響は現在の人間関係にまでおよぶ場合も多く，トラウマは心理・身体・社会レベルで，本人の人生に大きな影響をもたらすのである。

11.3節　トラウマの回復と長期化を理解するうえで必要な基本的知識

　ここまで，こころにケガをした人に見られる症状について説明してきたが，トラウマ体験後にさまざまな反応が生じると，本人やその周囲の人は「おかしくなってしまったのではないか」，「自分は取り返しのつかない状態になってしまった」などと思うことがある。トラウマ反応はとても苦しく，自分でコントロールすることが難しいため，こうした想いを抱くことは自然である。しかしながら，トラウマ反応は恐くて辛い体験をした人に生じる当然の反応であり（**図11.2**），こうした基本的視点を示すことは，本人のケアや周囲が適切なサポート態勢を作るうえでとても重要になる。また，トラウマは周囲から適切なサポートを受け，トラウマ反応に有効な対処を実践していくことで自然回復する場合が多い。医療現場では，トラウマ体験に見舞われた直

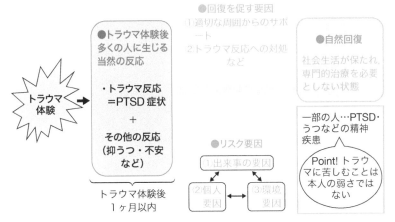

図11.2 トラウマ反応の回復に関する基本的知識

後の患者に出会うことがあるかもしれないが，本人のトラウマ反応は当然なことであり，多くの場合自然回復する事実を医療従事者も患者も知っておくことは，双方の安心感につながる。

なお，中には十分な自然回復が見られず，PTSDやうつ等の精神疾患を呈する人も存在する。では，こうした人は弱い人なのかというと，決してそうではない。PTSDは，**さまざまなリスク要因が複合的に影響し合って生じる**ものであり，**図11.2中央**に示している通り，リスク要因には，①出来事の要因，②個人要因，③環境要因の3つが存在する（野坂ら，2016）。

まず，「①出来事の要因」としては，出来事の重篤度等が挙げられる。例えば，実際に生命の危険があったか否か，個人の体験時の主観的な心理的反応の程度は重要なリスク要因となる。

次に，「②個人要因」としては，過去のトラウマ体験の有無や日常的なストレスの有無等が挙げられる。過去に複数のトラウマを抱えていたり，トラウマ体験後も日常に生じうるストレスを抱えていたりする人の方がPTSDのリスクは高い。

最後に，「③環境要因」としては，周囲からのサポートの欠如が挙げられ（亀岡，2020b），トラウマ体験は，本人だけでなく周囲にも大きなインパクトを与えるが，周囲の不適切な対応は時に本人の予後を大きく左右するこ

とがある。

このように，こころのケガの反応が長期にわたり，PTSD等の精神疾患を呈することは**本人の弱さを示すものではない**。実際，身体のケガや病気が思うように治らず苦しんでいる人に，「いつまでも痛いと言うなんて弱い」と声かけをする人は少ないだろう。こころのケガも同様に，ケガが痛んでさまざまなトラウマ反応が出たり，それが長期化して苦しみを感じたりすることは至極当然なのだが，目に見えないケガであるぶん，これらは周囲から適切に理解されないことも多い。身体のケガと同じように，こころのケガも痛くて辛いといってよい。社会全体がこうした眼差しをもつことが，トラウマケアには大切である。

A. 3段階のトラウマケアの基盤：トラウマインフォームドケア

こころのケガは人との間で回復していく必要があるが，先ほどリスク要因の1つに周囲からのサポートの欠如を挙げたように，実際にはそれが難しい。なぜならトラウマ反応が出ている本人は，他者や世界に対して不信感を抱くことが多く，周囲を頼ることが困難になるからである（認知と気分の陰性の変化）。また，時には周りに苦しみを悟られないよう元気に振る舞ったり，回避症状により自分の辛い気持ちを話さなかったりすることで，適切な支援につながりにくい側面も存在する。

さらに，本人が支援を望んだとしても，トラウマ体験はその壮絶さゆえに，周囲が目を背けたくなる性質を有するため，支援者が適切なサポートを提供することも容易ではない。本人を支援する中で，凄惨なトラウマ体験と向き合い，大きな恐怖や不安が喚起された周囲は，元気そうに振る舞っているから大丈夫だと思い込もうとするなど，トラウマを否認したくなることがある（野坂，2019）。また，時に周囲は，本人のこころのケガを大きくするような言動までとってしまうこともある。例えば，見知らぬ人に突然一方的に暴力を振るわれた被害者が身体の治療に来院した際に，「被害の責任はあなたにもある」といった言葉をかけてしまう場合もある。本章を読んでいる読者の多くは，自分はこうした関わり方を決してしないと思うだろう。しかしながら，間接的とはいえ，何の責任もない人が一方的かつ理不尽に傷つけられ

る現実に直面することは，支援者がもっている信念（例：「良い行いをしている人は将来報われる」，「世の中は安全である」）を揺るがす脅威となりうる。そのため，こうした事実を受容することができず，**いかなる理由があろうとも被害の責任は加害者にある**にもかかわらず，被害者に原因を帰属させるような思考や言動が生じてしまうことがある。

　このように，トラウマに向き合うことは本人にとっても周囲にとっても困難さを感じる場合があるが，周囲からのサポートはトラウマからの回復を促進し，先述した3つのリスク要因の中でも介入可能な要因であることも事実である（亀岡，2020b）。実際，**トラウマは他者との温かな関係の中で回復していく必要がある**。だからこそ，トラウマを抱える本人，周囲の人もこころのケガを見つめ，ケアに取り組むことが重要である。

　それでは，トラウマを抱えた人をサポートする際に必要な支援のあり方とはどのようなものなのだろうか。それを理解する際の支援の枠組みとして注目されている概念が**トラウマインフォームドケア**（Trauma Informed Care；以下，TIC）である（SAHMSA，2014/2018）。TICとは，「トラウマに関する基本的な知識をもち，トラウマやその影響を認識しながら関わること（野坂，2019）」である。TICはトラウマ体験がある人に対し専門家が行う，**特定のケアや治療法を示すのではなく，あらゆる人がこころにケガをし，その影響を受けている可能性があるかもしれない**と支援者（家族などの周囲の人），トラウマを抱えた本人，社会全体が考える支援の枠組みのことである。**図11.3**が示すように，トラウマケアは3つの段階からなると考えられているが，このTICはトラウマケアの基盤となる（野坂，2019）。

　もちろん，第一段階のTICの中で**こころのケガの影響がある人に気づいたならば**，周囲の人だけでなく精神科医や心理専門職などの専門家につなぐことは有効である。必要に応じて，専門家によりTICや第二段階の「トラウマに対応したケア」を実施することもこころのケガの回復の大きな支えとなる。「トラウマに対応したケア」とは，専門家がトラウマ体験や個人のこころのケガの状態に応じて，トラウマに関する情報を提供し（心理教育），反応が生じた際の対処方法を提供するケアのことを示す（野坂，2019）。

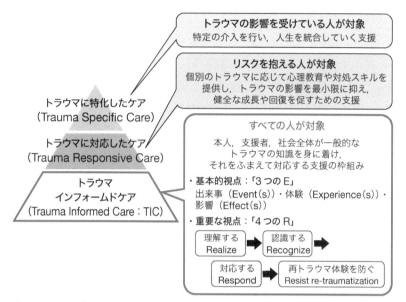

図11.3　三段階のトラウマケア（野坂（2019）を参考に作成）

　こうした，TICや2段目のトラウマに対応したケアにより，トラウマを抱えた本人は安心を感じ，それを基盤として，トラウマ反応が低減したり，反応が生じたとしてもそれをコントロールしたりすることが可能となり，自身の生活を取り戻していく場合が多い。そのため，こころのケガを抱えた多くの人が，TICとトラウマに対応したケアにより，回復していくと考えられている（野坂，2019）。

　しかしながら，先述した通り，さまざまな要因により，その後も長期的なこころのケガの影響を受ける人も当然存在する。そのような場合は，専門家がトラウマに特化した心理療法を実施する（野坂，2019）。これが，3段目に位置する「トラウマに特化したケア」である。

　このように，トラウマケアは「こころの専門家」が一方向的に提供するものではない。基本的なトラウマの知識と対応を，本人，支援者，社会が理解し，温かい他者との安全な関係・環境の中で本人がトラウマ反応に対処していくことが回復の最も重要な土台である。実際，筆者は日々の臨床において，トラウマから回復しようとする本人の力とそれを懸命に支えようとする身近

な人の力は専門家によるケア以上の力をもっていることを実感している。本人はもちろんのこと，周囲の一人ひとりがトラウマの回復過程において重要な役割を担っていることを認識することも，トラウマケアにおいて大切である。

B. トラウマインフォームドケアの「3つのE」

　それでは，具体的にどのようにTICを実践していけばよいのだろうか。TICのトラウマを理解する基本的視点に3つのEがある（図11.3右下）（SAHMSA, 2014/2018）。これは，トラウマとなる出来事（Event）をその人がどう体験（Experience）し，それによりどのような影響（Effect）がもたらされているかについて理解することがトラウマケアに重要であることを示す。具体的には，**図11.4**のように，トラウマの三角形を理解すると，目にえないこころのケガの反応を「見える化」することが可能となる（亀岡，2020a）。例えば，先述した医療従事者の大声にトラウマ反応が生じた患者であれば，リマインダーは「大声」であり，それにより生じたトラウマ反応は「固まる」であり，その原因となるトラウマ体験は，幼少期の身体的虐待と理解できる。これが，トラウマを「見える化する」ということだ。

　ただし，実際の現場では，過去にその人がどのようなトラウマ体験を有しているのかが共有されない（できない）ことも多い。たしかに，トラウマの三角形を理解する際に，トラウマ体験を支援者側が知っていれば，よりその

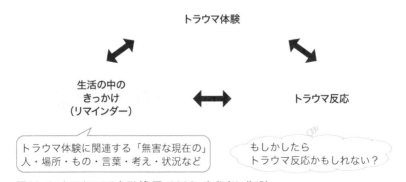

図11.4　トラウマの3角形（亀岡，2020aを参考に作成）

人のリマインダーやトラウマ反応を理解することが可能になるが，無理やりトラウマ体験を聞き出そうとすることはかえってこころのケガを大きくする可能性もある。

　では，患者がトラウマ体験を有しているか定かではない場合，どのように患者を理解すればよいのだろうか。その場合は，何をきっかけにどのようなトラウマ反応が生じているのかを理解することが必要である（西ら，2021）。例えば，診察時にある医師が悪気なく，椅子にもたれかかって患者の話しを聞いていると，患者は徐々にイライラして口調が荒くなり，最後にはもう話したくないと診察室を出て行ってしまったという場面を想像して欲しい。この場合，患者の反応が生じたきっかけは，「椅子にもたれかかって医師に話しを聞かれる」という状況であり，外から見てわかるトラウマ反応は「激しい怒り（覚醒度と反応性の著しい変化）」である。このように，**トラウマ反応は通常起きうると想定される反応より大きな反応として生じる**場合が多く，こうした反応から医療従事者は「もしかしたらトラウマ反応かもしれない？」と想像することが重要である。

　また，一般的にリマインダーは，トラウマ体験に関連した刺激であることが多い。そのため，この患者の場合であれば，椅子にもたれかかって話を聞かれるという状況に対し，自分と医療従事者との力関係の差を感じたり，自分に無関心であると感じたりしたことがトラウマ反応のきっかけとなった可能性があり，それに関連したトラウマ体験，例えば，身体的な暴力の被害や，ネグレクトなどのトラウマ体験を有している可能性が想像できる。ほかにも，医療機関を受診した際に，女性（あるいは男性）に対応して欲しいと特定の性別の者に対応されることを希望する患者に出会うかもしれない。その場合は，性暴力被害などのトラウマ体験により，特定の性別の者を避ける回避症状が生じているのかもしれないと理解できる。まずは，こうした反応を示した人を「怒りやすい人」「わがままな人」などと決めつけるのではなく，「なぜこの人はこのような反応をしたのだろう？」と理解しようとし，「**トラウマ体験を有しているかもしれない？**」と想像する姿勢が重要で，それがTICである。

C. トラウマインフォームドケアの「4つのR」

　次は，より具体的な患者への対応について考える。TICの実践について考える重要な視点に，4つのRがある（図11.3右下）。これは，「理解する（Realize）」，「認識する（Recognize）」，「対応する（Respond）」，「再トラウマ体験を防ぐ（Resist re-traumatization）」ことを示す。

　「理解する」とは，トラウマの知識を身につけ，トラウマ体験やその影響について理解することである。本章でトラウマについて学んだように，研修などを通してトラウマの知識を身につけ続ける必要がある。

　また，「認識する」は，個人のこころのケガに気づくことである。そして，こころのケガの反応に気づくためには，先述したようにトラウマの知識を身につけ「理解する」ことが必須である。

　さらに，「対応する」は，トラウマ反応を「認識した」うえで，それに応じて適切な対応を講じることである。先述した椅子にもたれかかった医師の対応がリマインダーとなった患者の例であれば，やや前かがみで安心できる声量・声色で接することも重要な「対応」である。また，男性（あるいは女性）に対する強い恐怖心をもった患者には，可能であれば安心できる性別の者が対応したり，付き添ってあげたりするなどの対応を講じるのもよい。また，それが難しいようであれば，その理由を温かな姿勢で説明し，患者が安心できるよう対応することも大切である。恐怖心を抱いていた性別の医療従事者に温かく接してもらえたという体験が，特定の性別のすべての人間が危険ではないと学ぶことにつながり，患者の回避症状を和らげることもあるだろう。このように，どのような対応が必要かは個人によって異なるが，こころのケガの反応に気づいたら，恐怖でいっぱいの患者がどうすれば安心感をもつことができるかを考えることが重要である。

　なお，こころのケガの反応が生じた時には，長く息を吐く呼吸法を行うとトラウマ反応のコントロールに有効であることがわかっている。患者が出来事を思い出すなどのトラウマ反応が生じた際には，落ち着く静かな部屋に移動し，ゆっくり呼吸をするのもよいだろう。

　ほかにも，トラウマで苦しいことを話し，助けを求めた患者に対し，「よく話してくれました」などと伝えることも大切である。こうした関わりによ

って，患者は恐怖を抱えながらも助けを求めてよかったと感じ，他者への信頼を再構築する場合がある。

　また，こころのケガの反応で苦しんでいたり，それにより自分がおかしくなってしまったと語ったりする患者がいた場合には，「恐怖を感じる出来事を経験した人に誰にでも起こる，当然の反応ですよ」「身体をケガすると痛いのと同じように，こころもケガをすると心と身体に反応が出るのはおかしいことではありませんよ」などと，こころのケガの反応が一般的に生じうることを伝える（ノーマライジング）ことも役立つ。トラウマを抱える人にとって，トラウマ体験だけでなく，その後生じるこころのケガの反応そのものが恐怖感や，自分はおかしい，人と違うなどと孤立感を感じたりする体験となる場合が多い。そのため，トラウマ反応が一般的にも生じる反応だと知ることは患者の安心感につながる。また，トラウマ体験を経験して間もない場合は，**辛い時は安心できる人に気持ちを話すこと，睡眠・食事・休息を十分に取り，規則正しい生活を続けることで，自然に回復していく場合も多い**ことを併せて患者に伝えてあげるのもよいだろう。

　さらに，よくあるこころのケガの反応の1つに**自分を責めてしまう**という反応がある（**認知と気分の陰性の変化**）。その際，よく話を聴いたうえで「自分を責めるのもこころのケガの反応の1つで，多くの人がそのように感じます。ですが，悪いのはあなたではありません」などと伝えることも役立つ場合がある。もちろん，こうした声かけで患者の自責感が低減しない場合は多々あり，それもこころのケガの反応であるため，TICの段階で患者の考え方を無理に変えようとする必要はない。逆に，あなたは悪くないと「説得される」ことは患者に気持ちを否定された感覚が生じることがあるため注意が必要である。ただ，自分の話を聴いてもらったうえで，落ち着いた姿勢で誰かにあなたは悪くないと一度でもはっきりと伝えられることは，患者の自責感そのものがこころのケガの反応であることに気づく機会になったり，患者の自身に対する考え方や他者に対する信頼感の回復につながったりする場合がある。

　最後の「再トラウマ体験を防ぐ」は，上記の3つの実践によって，再びこころにケガをすることを防ぐことである。例えば，親の機嫌が悪くなると身

体的虐待を受けていた子どもは，親の不機嫌な表情が虐待を予測するサインとなる。そのような子どもにとって，（支援者は疲れているだけで悪意はないものの）不機嫌そうな医療従事者の表情がリマインダーとなり，虐待を想起し（侵入症状），イライラしたり，落ち着きがなくなったりする（覚醒度と反応性の著しい変化）ことがある。この時，目に見えないこころのケガに気づかなければ，医療従事者は「じっとしなさい！」と怒って注意してしまうかもしれない。そして，それにより子どもはよりイライラしはじめ，「自分はやっぱりだめな子だ」などと再びこころにケガをしてしまうこともあるだろう。しかし，その様子を見て子どもにこころのケガの反応が生じていると気づく（認識する）ことができれば，自身の表情に注意しながら関わる（対応する）ことで，子どものイライラが落ち着くかもしれない（再トラウマ体験を防ぐ）。このように，4つのRの視点があるか否かで，同一の状況下でも患者との関係はまったく違うものになる。

　筆者は，暴力や性暴力の被害にあい，身体の治療を目的に病院を受診した際，医療従事者に「よく来てくれました。身体はもう大丈夫ですよ」，「今回の被害の責任はあなたにはありませんよ」などと温かく声をかけてもらい，「安心した」と落涙しながら語る多くの被害者に出会ってきた。その度に，トラウマを有する者にとって，まずは傷ついた身体を大切にケアしてもらうこと，そしてその中でこころも大切に扱ってもらえることが大きな安心感につながることを痛感する。今後，TICを実践する医療従事者が増加することは，トラウマを抱える人の大きな力となるに違いない。

おわりに

　本章では，基本的なトラウマに関する理論とそのケアについて概説した。本書をきっかけにトラウマを学びたいと感じた人は，本章の引用文献を参考に，より知識を深めて欲しい。また，トラウマに限ったことではないが，患者の心に配慮した対応に1つの正解があるわけではない。**どのように配慮したとしても，相手を傷つけてしまうことはあるし，それが自然な人間関係である。**トラウマを抱えた人にとって必要なのは，**こころをまったく傷つけない関係ではなく，傷ついたとしても互いに関係を修正していくことが可能な，**

対等で安心できる対人関係であることを心に留めることが重要である。

コラム 自分自身のこころもケアしよう

　対人援助職を目指している皆さんは，自身のこころのケアについてどのくらい考えているだろうか？　実は，TICでは，トラウマを抱えた人のみならず，支援者の安全性も重視する。なぜなら，こころにケガをした患者をケアすることで，支援者もこころにケガをすることがあるからである。これは，二次受傷（secondary trauma）と呼ばれ，患者をサポートする中で支援者自身もPTSD症状が生じたり，自分の考えが大きく変わったりすることがあることを示している（代理受傷などさまざまな概念がある）。そのため，対人援助に携わる人は，支援者のこころのケアについても関心をもつ必要がある。

　その際，留意したいのは，こうした**二次受傷が生じることは，支援者の未熟さや対人援助職に携わることの劣悪さを示すものではない**ということである。（パールマン，2003）。二次受傷は，誰にでも生じうる。大切なことは，患者に対するTICと同様に，二次受傷の知識も身につけ，反応に気づき，対応することである。そして，こうした二次受傷への対応を考えるうえでは，もちろん日常のストレスケアができているかなどの個人の対処も必要であるが，TICは組織そのもののあり方を重視する。例えば，組織全体がトラウマについての知識を身につけているか，二次受傷の影響を受けている者に気づいた場合，適切な対応を行えるかどうかは非常に重要である（例：トラウマを有する患者対応で疲弊している者には，それ以外の業務を割り振り，調整するなど）。つまり，二次受傷は個人だけの問題ではないのである。

　悲しいことに，世界中で今この瞬間もトラウマ体験に直面している人がいる。その一方で，そうした人々を支える人がいることも事実である。トラウマ体験が一度生じてしまうと，その事実は変えられない。しかし，TICが個人・組織・社会レベルで広がり，支援体制が構築されることで，トラウマを抱えた人や支援者の「今とこれから」が少しでも温かいものとなるよう願う。

引用文献

Figley, C. R., Trauma and its wake: Volume 1 The study and treatment of post traumatic stress disorder. Brunner/Mazel Publications, 1985.

日本精神神経学会日本語版用語監修, 高橋三郎・大野裕監訳, DSM-5 精神疾患の診断・統計マニュアル, 医学書院, 2014.

J. A. コーエン・A. P. マナリノ・E. デブリンジャー著, 白川美也子他監訳, 子どものトラウマと悲嘆の治療―トラウマ・フォーカスト認知行動療法マニュアル, 金剛出版, 2014.

亀岡智美, 精神科医療におけるトラウマインフォームドケア, 精神神経学雑誌, 122, 160-166, 2020a.

亀岡智美, 子ども虐待とトラウマケア―再トラウマ化を防ぐトラウマインフォームドケア, 金剛出版, 2020b.

Kawakami, N., Tsuchiya, M., Umeda, M. et al., Trauma and posttraumatic stress disorder in Japan. Results from the World Mental Health Japan Survey, *Journal of Psychiatric Research*, 53, 157-165, 2014.

L. A. パールマン著, B. H. スタム (編), 小西聖子他訳, 二次的外傷性ストレス―臨床家, 研究者, 教育者のためのセルフケアの問題, 誠信書房, pp.49-61, 2003.

西 大輔・宮本有紀・神庭重信他, トラウマインフォームドケアをもっと知るために―TIC ガイダンス, 2021. https://traumalens.jp/wpcontent/uploads/2021/05/210331_tic_guidance.pdf

野坂祐子, トラウマインフォームドケア―"問題行動"を捉えなおす援助の視点, 日本評論社, p.86, 2019.

Substance Abuse and Mental Health Services Administration, SAMHSA's Concept of Trauma and Guidance for a Trauma-Informed Approach, HHS Publication No. (SMA) 14-4884, Rockville, MD: Substance Abuse and Mental Health Services Administration, 2014. (大阪教育大学学校危機メンタルサポートセンター・兵庫県こころのケアセンター訳, SAMHSAのトラウマ概念とトラウマインフォームドアプローチのための手引き, 2018. https://www.j-hits.org/_files/00107013/5samhsa.pdf)

参考文献

野坂祐子・浅野恭子, My Step 性被害を受けた子どもと支援者のための心理教育, 誠信書房, 2016.

第12章 医療系実習における心理的視点と多職種連携の学び

12.1節 チーム医療における多職種連携

A. チーム医療と心理学的視点

　医療専門職を目指す多くの学生が,「私が本当に患者さんの役に立てるのだろうか」という不安を抱くだろう。だからこそ, 各職種の養成課程では知識やスキルを体系的に学び, 専門性を身につけることが目標とされる。しかし一方で, 医療において1つの専門職, 1人の専門家によって治療支援を完結することはできない。さまざまな専門性を備えたスタッフが, 自分の**専門性を活かしながら**お互いに**足りない部分を補い合い**, 患者に**最善の治療・支援を提供する**。それが**チーム医療**である。

　医療が高度化, 複雑化するに伴い,「この患者にとって, 何が最善か」の判断が難しくなり, 医療職の技術的, 心理的負担は増大している。そのような中, チーム医療がもたらす効果として, ①疾病の早期発見・回復促進・重症化予防など医療・生活の質の向上, ②医療の効率性の向上による医療従事者の負担の軽減, ③医療の標準化・組織化を通じた医療安全の向上が期待されている（厚生労働省, 2010）。

　この効果は患者・家族に, よくも悪くも心理的影響を及ぼすと考えられる。患者・家族への良い影響としては, いうまでもなく, さまざまな職種のスタッフの高度な専門性により医療サービスが提供されることへの安心感, 信頼感である。このような体制は, 患者・家族が「病気を治したい」という治療動機を向上させる一因となる。この治療動機は, 多くの疾患において予後にも影響することが示されている。

　一方, チーム医療がもたらすリスクも考慮する必要がある。多くのスタッフが関与するということは, 同時に意思疎通や情報共有という点において, 齟齬（ミス）が生じやすくなることを意味する。患者・家族にとって, あるスタッフに伝えたことが他のスタッフに伝わっているのかと不安になったり,

伝わっていないことで不信が生じたりする可能性を考慮する必要がある。だからこそ，チーム医療には各スタッフを「**つなぐ**」機会や場，ツール，そしてスキルや態度が必須となる。

　チーム医療で多職種スタッフ間を「つなぐ」機会や場，ツールの代表的なものが，チームミーティングとカルテである。しかし，関係するスタッフ同士の会話やメモもまた，重要な役割を果たす。この両者を使い分けることで，患者・家族にとって，またスタッフにとって機能的な連携が実現する。スキルや態度については，次項で述べる。

　チーム医療の多職種連携で必要とされる知識や技術，態度，倫理観を多職種協働コンピテンシーと呼ぶ。コンピテンシーは，もって生まれた能力ではなく，学習により修得するものである（多職種連携コンピテンシー開発チーム，2016）。つまり，専門職の養成課程における数年間で修得することが目標とされる。

　多職種連携に必要な能力は，中核的な2つのコアドメインと，コアドメインを支える4つのドメインによって示されている（**図12.1**）。まず，中核的なコアドメインとして①**患者・利用者・家族・コミュニティ中心の態度**と，

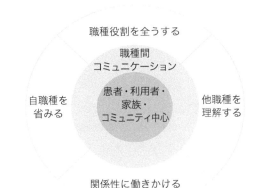

図12.1　**多職種協働コンピテンシーモデル（多職種連携コンピテンシー開発チーム，2016）**

②**職種間コミュニケーション**が挙げられている。

①は，患者・サービス利用者・家族・コミュニティのために，協働する職種で患者や利用者，家族，地域にとっての重要な関心事や課題に焦点を当て，共通の目標を設定することができる能力のことを指す。医療職として働きはじめると，無意識的に「医療者にとって」よりよい目標を想定してしまっていることがある。「患者・家族のために」最善と考える目標は，医療者と患者・家族の間で「ズレ」が生じている可能性を常に頭に入れておく必要があるだろう。

②は，患者・サービス利用者・家族・コミュニティのために，職種背景が異なることに配慮し，互いに役割，知識，意見，価値観を伝え合うことができる能力のことを指す。この①と②を実践するために必要とされるのが，次に挙げる4つのドメインである。その4つとは，**①職種としての役割を全うする力**，**②関係性に働きかける力**，**③自職種を省みる力**，**④他職種を理解する力**である。この4つは互いに関連し合う。例えば，関係性に働きかけつつ自職種を省みる力が求められるし，他職種を理解しながら自職種の役割を全うすることが必要とされる。これらの能力は，スタッフ間の会話やミーティングでの発言，カルテの記載等，業務の随所に現れる。

これら1つずつの力を高めるために，日常生活の中で今日からできることもある。例えば，自身の言動を他者にどう思うか，改めて尋ねて省みることや，相手の意見を尊重しながら，自分の考えを述べるためにはどう伝えればよいか考えてみること等である。このような基本的なコミュニケーション能力を磨き上げる日々の努力が，多職種協働コンピテンシーを高める基盤となるだろう。

12.2節 多職種連携を学ぶ〜多職種連携教育（IPE）〜

多職種間で意見を交わし，同じ目標をもって協働するプロセスを，実践的に学ぶ方法がある。医療・福祉領域の専門職養成課程では，複数の専門職を目指す学生が，連携やケアの質の向上を目指して，同じ場所で相互に学び合う**多職種連携教育**（Interprofessional Education：以下，**IPE**）が，国

際的に推進されている。日本では2001年，文部科学省の医師養成における
モデル・コアカリキュラムを契機に，医療系の複数学科を備える大学で導入
されはじめた。

　これはつまり，医学科，看護学科，リハビリテーション学科，歯学科，薬
学科，医療福祉学科等，多様な医療福祉専門職を目指す養成課程が，学科の
枠を超えて学ぶものである。そして，単に「一緒に講義を受ける」のでなく，
模擬事例のカンファレンスで議論したり，混成のグループで実習したりする
など，体験的な学びを主眼としている。その狙いは，見解や価値観の違いが
あっても相手を**否定するのでなく，相互に理解し，尊重し合う**中で，**最良の
方向性を見出す「話し合い」を経験すること**にある。

　日本でも医療福祉系の大学で，IPEが徐々に取り入れられている。IPEに
よって学生が身につけた能力を調査したある研究報告（榎田ら，2018）で
は，「患者中心のチーム医療の実践」「多職種連携のための価値観／倫理の涵
養」「多職種連携のための円滑なコミュニケーション」「多職種の役割／責任
の理解」「自己の専門職の役割／責任の理解」「チームとチームワーク」が報
告されている。ここで特に心理学的な視点から，「多職種連携のための円滑
なコミュニケーション」に着目してみると，具体的には「仲間との討論に積
極的に参加すること」「仲間の意見を傾聴すること」「言外の気持ちや思いを
くみ取ること」，「わかりやすく説明すること」が挙げられている。

　これらはごく基本的なコミュニケーションのスキルであり，自分が学ぶ大
学でIPEが実施されていなくても，学生生活で日常的に経験されるものであ
る。前項で述べたように，多職種協働コンピテンシーを高めていくために
は，自身と異なる背景や考えを尊重し，そこから学ぶという日常的な態度が
大切になってくる。

　どの職種においても，養成課程には実習がある。各専門職によって，実習
での学習事項や達成目標は異なることから，ここでは特に実習で学ぶ心理学
的視点に絞って，ポイントを述べることとする。以下，見学実習の2つの場

面について，先輩スタッフがどのような点に配慮し，工夫しているかを考え
ながら読み進めていただきたい。

Ａ　診察における病名告知の場面

　医師を目指す実習生が，60代男性Ａさんの病名告知の診察を見学することと
なった。Ａさんは膵臓がんの疑いから3週間前に精密検査を行っており，検査を
終えた時点で，医師から「次の診察では検査結果と今後の方針を話すことになる
ので，できれば家族も同席してください。家族の同席は病院の方針としてどの患
者さんにもお願いしています」と，伝えられていた。その依頼に対し，Ａさんは
了承した。検査結果から，Ａさんには初期の膵臓がんが発見された。

　結果を伝える診察には，経験豊富な医師（男性）とがん専門看護師（女性），
公認心理師（女性）が同席し，実習生はその後方で見学するよう指示された。医
師はＡさんを呼ぶ前にカルテを開き，これまでの経過と検査結果をあらためて確
認し，看護師，心理師と共有した。そして考えられるいくつかの治療方針の選択
肢を看護師，心理師に伝えつつ，各選択肢について「患者・家族が知りたいであ
ろうこと（想定される質問）」の中で，患者・家族の生活面や心理面に関わる最
優先事項を整理した。そして，情報収集や段取りを迅速に行った後，Ａさんと家
族（妻と息子）を診察室に迎え入れた。

　Ａさんと家族がやや緊張した様子で現れると，医師は「お待たせしました」と，
穏やかに着席を促した。その後，Ａさんに体調を尋ね，家族に来院をねぎらう言
葉をかけた後，「では，検査結果ですが…」と本題に入った。

　Ａさんと家族は再び緊張した表情で，医師の話に聞き入った。医師の説明はと
てもわかりやすいものであったが，厳しい現実を伝えるものでもあった。その最
中，看護師と心理師は後方に控え，全体の状況を見守った。説明が終わる頃には，
Ａさんと妻は茫然とした様子で，医師の「何か聞きたいことはありますか？」と
の質問に，何も答えられなかった。息子が硬い表情で，「どうすればよくなるん
ですか？」と治療方針を尋ねると，医師は一つずつ丁寧に選択肢を説明しはじめ
た。Ａさんと妻が変わらず茫然としている中，息子は次々と質問を投げかけた。
医師は息子とＡさん，妻に交互に視線を向け，説明を進めた。治療に伴う作用，
副作用とともに，効果への希望が伝わっていくと，Ａさんの表情は次第に緊張が
ゆるみ，自ら質問したり，笑顔も見せるようになった。医師は，最後まで様子が
変わらない妻に視線を向け，「心配なことは多くあるかもしれません」と言った
後，全員に向けて「今日のお話をふまえてぜひ，ご家族で話し合ってみてくださ
い。次の予約をして帰ってください」と伝えた。

看護師が次の予約状況を調べはじめると，Ａさんと息子が立ち上がった。診察室を出ようとすると，少し遅れて妻がよろめきながら立ち上がった。心理師は素早く椅子を直すそぶりを見せながら妻に近づき，そっと身体を支えながら「少し，外で座りますか」と声をかけ，一緒に診察室を出た。

　さまざまな段取りをしていた看護師と妻に付き添った心理師が戻ると，医師が「ありがとう」と一声かけた後，次の患者の段取りが始まった。

　この診察場面だけでも，患者・家族への心理的配慮と多職種協働のポイントが多く観察できるだろう。配慮も協働も，ごく自然に行われているように見えるが，すべて「患者・家族中心」の基本方針により，細心の注意と準備によって成立しているものである。以下にポイントをいくつか述べる。

　まず，告知に際して家族の同席を伝えた点である。当たり前のように思われるかもしれないが，「患者・家族への説明」は医療安全の観点から見て，遵守すべき基本的かつ重要な事項である。具体的にいうと，重要な事実や因果関係を省略せず，客観的な事実のみ伝える，明快に説明できないことがあれば，その旨を率直に伝える等，患者・家族が安心して医療を受けるために必要と考えられている。医療安全の観点が，患者・家族の心理状態および患者・家族と医療スタッフの信頼関係に影響を及ぼすことを忘れずにいたい。

　診察室にＡさんと家族を迎える前の準備では，患者・家族に即した情報収集を行い，提供していた。個々の患者の病気や症状に応じた専門的な知識や最新の情報は事前にも収集できるが，治療の段取りについては直近でないとわからないこともある。また，患者・家族にとっては，病気に関する事柄と同等に，治療の副作用が心身に及ぼす影響や，スケジュールの見通し等，治療に関する事柄は生活に関わる重大なことなので，心配も募る。事例では，患者・家族の心理面，生活面に沿った事前準備が行われたことで，結果的にこの患者・家族の安心・信頼に大きく影響を及ぼしたといえる。

　また，医師が説明したり，質問に応答したりする際は，全員に交互に視線を向けていた。それは，「全員に伝えたい」という真摯な医師のメッセージを意味するものである。息子はダイレクトにそのメッセージを受けとめ，能動的に質問をはじめている。そして，それに追随する形で，Ａさんも会話に

加わり，治療への意欲が向上している。視線が多くのメッセージを含むコミュニケーション・ツールとなることも，忘れてはならないだろう。

　最後まで言葉を発しなかった妻に対しては，どのスタッフも安易に励ますことなく，見守る態度を保った。そして退室時，心理師がさりげなく気持ちを汲み取る言動をとった。その場ですぐに妻の不安が安心に変わったわけではないが，このような一つひとつの言動の積み重ねが，信頼関係を築く基盤となることを心に留めておきたい。

　また，このすべてのプロセスにおいて，医師，看護師，心理師の意思疎通がごく自然になされていることにも注目したい。もし，準備段階の会話で互いに言いたいことが理解できない，伝わらないという事態が生じた場合，「わかったふり」をするのでなく，すぐに質問したり，確認したりすることでミス・コミュニケーションを防ぐことができるかどうかが，とても重要である。また，すべてのプロセスを終えた最後に，医師が「ありがとう」といった一言も見逃せない。このように敬意と感謝を含む，些細なコミュニケーションが信頼関係を築き，患者・家族の安心につながる協働を生み出すといえる。

Ｂ　認知症を伴う入院患者の病室訪問場面

　看護師を目指す実習生が，70代女性Ｂさんのおむつ交換場面を見学することとなった。Ｂさんは圧迫骨折で入院したばかりで，以前から認知症（初期）の診断を受けていた。入院時から表情や反応が乏しく，特におむつ交換の際に看護師の手を払いのけたり，大きな声を出したりする様子が見られた。

　指導担当の看護師と実習生でＢさんの部屋（4人部屋）を訪問した。部屋のドアは開いていたが，看護師はゆっくりとノックをした後，少し待ち，穏やかな声で「失礼します」と言って入室した。同室の他の患者さんにも視線を向けて「お邪魔します」と小さく声をかけながら，一番奥のＢさんのベッドの前に進んだ。カーテン越しに，ほどよい声の大きさで「Ｂさん，担当の〇〇です。お邪魔していいですか？」と言った後，少し待った。返事はなかったが「カーテン開けますね」と言い，少し待ってから「失礼します」と，ゆっくりカーテンを開けた。

　Ｂさんはベッドに仰向けの姿勢で寝ていた様子だったが，おもむろに目を開けた。看護師は少し姿勢を低くし，Ｂさんと同じ視線の位置で正面から顔を近づけ，

視線を合わせた。Bさんは看護師をじっと見たが，表情は動かなかった。看護師はBさんと視線を合わせたまま，耳元でやさしく「今，すこし休んでいらっしゃいましたか？」「気分はいかがですか？」と語りかけた後，しばらく反応を待った。Bさんは何も言わず，表情もほとんど変わらなかった。少しの時間，見つめあった後，看護師が耳元で穏やかに，「お身体，さっぱりしましょうか」と声をかけると，Bさんは「ん」と小さく発声した。看護師はBさんと視線を合わせたまま上腕を撫でるように触れつつ，「それではお身体に触らせてもらいますね。失礼します」と声をかけ，Bさんの身体をゆっくり大きく動かして，おむつ交換をはじめた。その間も時折，顔を近づけて視線を合わせ，耳元で「さっぱりしてもらえたら嬉しいです」「あと少しで終わります」などと声をかけていた。実習生には，Bさんの表情が少し緩んで穏やかになったように見えた。看護師が交換を終えて手袋を外すと，また顔を近づけて視線を合わせ，「気持ちいいですか？お身体，大丈夫ですか？」と上腕にそっと触れた。するとBさんが微かに笑顔になり，看護師の手にそっと自分の手を重ねた。看護師は「有難うございます，また来ますね」と，もう片方のてのひらをBさんの手に重ね，片づけをして「失礼します」とベッドから離れた。

　部屋を出る際も入室時と同様，同室の患者さんに小さく声をかけながら進み，部屋を退出する際は「失礼します，お邪魔しました」と頭を下げた。

　おむつ交換の場面で学ぶことは，「技術」だけではない。どのような病気であっても，何歳になっても，排泄のケアは人間としての尊厳にかかわる事柄である。そのケアの行為にケアの提供者（事例の場合は看護師）の哲学がどうしても映し出される。

　身体的なケアを必要とする方への包括的なケアの技法の1つとして，フランス発祥のユマニチュードがある。ユマニチュードはフランス語で「人間らしさを取り戻す」ことを意味し，ケアの対象となる方に「何もかもやってあげる」のではなく，「可能な限り本人がもっている能力を使い，（サポートしながら）できることをやる」「その人のもつ能力を奪わない」ことを大切にしている。そして，「あなたは私にとって大切な存在です」と尊厳を伝えるための技術として，4つの柱を挙げている。その4つとは，「見る」「話す」「触れる」「立つ（立位援助）」である。医療・介護の現場で，このごく基本的なコミュニケーションやサポートを絶え間なく積み重ねることは本当に難

しい。「痛くないですか？」の声かけさえ，視線を向けずに遠くから発して
しまうことがあるだろう。このユマニチュードの実践は，認知症や脳血管性
の障害を患う方など，心身や言語の困難を抱える本人とその家族，ケア提供
者双方の心理的苦痛を軽減させてくれることが報告されている。必ずしもユ
マニチュードの研修や技術を習得していなくても，ケアの現場を観察してい
ると，同様のコミュニケーションが随時，実践されている。事例に戻って考
えてみる。

　全般的にこの看護師は，「おむつ交換した」というよりも，「『人』が住ん
でいる場を訪ね，関わった」という印象が残る。同じ部屋に住む住人に挨拶
をしたり，訪問してすぐにおむつ交換をするのでなく，何気ない会話の時間
をもつなど，些細ではあるが随所に患者である以前に「人」として対等に向
き合い，接している様子が観察される。

　身体に触れていく際も，Bさんが不安に思わないようなやり方で注意を払
っている。また，「おむつ交換」を「お身体，さっぱりしましょうか」とい
った表現で伝えたり，「お身体に触らせてもらいますね。失礼します」と声
をかけたりして，人としての尊厳を保つ接し方をしていることがわかる。業
務に集中しながらも声をかけ，時折，視線を合わせていく点や，「さっぱり
してもらえたら嬉しいです」と気持ちを伝える点など，「見る」「話す」「触
れる」といったユマニチュードの柱が取り入れられている。

　先の事例にも通じることではあるが，実習の観察場面で大切なことは，
「先輩（スタッフ）が何をしたか」を見ると同時に，「どのようにしたか」を
見ることである。姿勢や声の大きさ，トーン，表情，身体への触れ方等，す
べてにおいて「どのように」を観察する。また同時に，その結果，患者が
「（身体的に）どうなったか」を見ると同時に，「（心理的に）どう反応した
か」を観察することも大切にしたい。

　このようにケアの場面を見学することは，対象となる相手の「人としての
尊厳」を想い，些細なコミュニケーションを大切にする現場の先輩から，信
頼関係を構築する態度と技術を学ぶ機会となる。

　これまで述べてきたように，実習では多職種協働の実際や，各専門業務の心理学的視点を学ぶ絶好の機会となる。しかし，既存の知識を目の前で起きている事象と結びつけて「体験的な学び」を得るためには，いくつかの要点があると思われる。これまでの内容をふまえ，以下に主な3点を挙げる

A. 自分のこころの動きに目を向け，考える

　「学ぶ」ことは，「**新しい知識や価値観に出会う体験**」である。この経験は，少なからずこころに衝撃を与えるであろう。しかし，その衝撃は「新しい自分」へと進む第一歩となる。

　例えば，多くの学生がNICUの実習で鳴り響く機械音を耳にしたり，想像を超える小さな赤ちゃんを目にしたりして「なんともいえない感じ」を体験することがある。そのような時，「そのなんともいえない感じ，ってどんな感じなんだろう？」と目を向けてみる。そうすると，例えば「とても耐えられない感じ，恐怖に似た感情」「赤ちゃんがどうなってしまうんだろう，ちゃんと生きていけるんだろうかという不安」といった，さまざまな感情を体験していることに気がつくだろう。さらにこの体験について，家族の立場に立って考えてみると，「お母さんはNICUに面会に来て，傍に座って，どんな気持ちになるのだろう」「もしかしたら，こんなふうに不安や恐怖を感じているのではないだろうか」と思いを寄せることにつながるだろう。このような一連のプロセスは，最終的に自分が目指す職種は母親に何ができるのか，どういった役割を担うことができるのかというように，チーム内の役割についても考える機会ともなる。

　このように，実習で医療の現場に身を置き，その中で五感を通じて体験されたさまざまなこころの動きに目を向けることは，「経験から学ぶ」第一歩となるだろう。さらにいえば，「なんともいえない感じ」を放置して，心身の不調に至ることを防ぐという意味合いももつ。医療専門職を目指す者として，自分自身の心身の健康を保つことにも目を向けたい。

　実習では，いかに能動的に患者や現場のスタッフと「関わる」かが重要となる。実習生は初めての場所で，緊張もするであろうし，「実習生」ならではの引け目を感じることもあるだろう。患者と「関わる」ことで，何らかの悩みが生じることもあるかもしれない。例えば，些細な会話でも，「患者さんのあの発言はどうだったんだろう」と問い直し，負担に思われていないかと不安になるなども考えられる。そのような時，その問いや不安が**「なぜ」生じたのか**を考えてみることで，あらためてひとりの人間としての「自分」を見つめる機会を得る。例えば，常に評価を気にしてしまう自分や，他者に相談しにくい自分に気がつくことなどが考えられる。

　そのような自分への気づきは，時に落ち込みや自己嫌悪を招くこともあるかもしれない。その事態が長く続いたり，そのような否定的な思考にとらわれてしまうと，心身の健康を損ねてしまうが，一方でそのように落ち込んだり，自己嫌悪に陥る「自分」とのつき合い方を学ぶ機会ともなる。例えば，信頼できる人に話してみたり，いったん頭から離してリフレッシュしたり，現実的な観点から課題を抽出して情報収集したりするなどが考えられる。

　落ち込みや自己嫌悪に陥った「自分」との付き合い方は人それぞれだが，それをなくそう，追い払おうとするよりも，「自分」の内部に馴染ませるようにこころの中に据え置き，（落ち込みや自己嫌悪が）自分を支配し，苦しめるほどでなくなればよしとするのも，ひとつの付き合い方といえる。

　また，同様に現場のスタッフに「〜についてどう思う？」と尋ねられた時，**自分なりの意見を伝えること**も重要である。実習生が**質問したり，見解を伝えたりする**ことは，多職種連携コンピテンシーの概念に則っていうと，「他職種を理解し」「自職種の専門性の視点から見解を伝え／質問をして」，「関係性を築き」ながら，時に「自職種の専門性を省みて」協働を進めるための，基本的態度を築く経験になると思われる。例え，相手に自分の見解と別の意見を提示されたとしても，時に否定されたとしても，それを受けてさらに考えてみると，今まで思いもよらなかった新しい視点を得て，視野が広がることもある。適宜，質問することについても同様である。

　実習後には，学内に戻って教員から事後指導を受けることになる。事後指導では，実習中の印象的だったエピソードや困ったエピソード等，具体的な体験から学んだことを教員や仲間と共有し，自分がとった言動について，または現場スタッフの専門性について，より深く検討することを目指す。

　少し時間を経て体験を話すことで，自分のこころの中に強く残っていることが明確になってくる。そして，自身の体験をより客観的に，俯瞰して捉えることができるようになっている。事後指導で自分の体験を語ることは，不安と緊張がつきまとうかもしれないが，教員や仲間とのディスカッションを通じて，より大きな視点を得ることが実感されるだろう。このような体験は「学び」を自己内に根付かせると同時に，さらなる課題を発見し，次の実習または就職に向けて気持ちを高めていく機会になると思われる。

引用文献

榎田めぐみ・鈴木久義・片岡竜太他, 多職種連携実践に向けて医系学生が身につけた能力とは?, 医学教育, 49(1), 35-45, 2018.

本田美和子・I. ジネスト・R. マレスコッティ, ユマニチュード入門, 医学書院, 2014.

厚生労働省, チーム医療の推進について (チーム医療の推進に関する検討会報告書), 2010.

多職種連携コンピテンシー開発チーム, 医療保健福祉分野の多職種連携コンピテンシー, 2016. https://www.hosp.tsukuba.ac.jp/mirai_iryo/pdf/ Interprofessional_Competency_in_Japan_ver15.pdf

第13章 医療現場で患者の心の声と出合うために

この章では，医療現場で出合う心の問題について，事例を通してその様相を見ていく。そこに必要な傾聴のポイント，心の声について秘密を守る重要性と多職種連携を実施するうえでの留意点，心の声を扱う支援者側の心へのサポートについて説明する。

13.1節 カウンセリングのケースを通して見える患者の心

医療現場において，患者の心を理解するために，どのような姿勢や視点が必要であろうか。筆者自身が出会ったクライエントの事例を通じて，医療現場での患者の心の声を描いた。

〔ケース1〕本当の気持ちが言えない

Aさん（45歳，女性）は，自分の子どもが側弯症（背骨が思春期の成長期に曲がってしまう病気）で苦労していることを話しはじめた。物静かで丁寧に語るその様子から，真面目で家族のために精一杯尽くしている性格が見てとれた。声は小さく，消耗している印象も伝わってきた。その病気をどうにかして治したいという訴えではなく，医療に対する不安や葛藤を語りたいと言った。医療現場では，Aさんのような悩みは誰もがもちやすく，治療に対する不安や不満は言い出しにくいところがある。

Aさんはその病の専門医を探し，ある名医のもとで手術を受けることができた。手術前の説明では，手術は子どもには当然であるが負荷がかかるものであり，その後の治療も長い年月がかかるということであった。その手術に踏み切るのかどうか何度も考えたが，子どもを思って最善の選択としてその手術に踏み切った。

手術は成功したので，本当に良かったと思ったという。ホッとしたのも束の間，その後も，子どもの成長に合わせての手術が何度も必要であった。Aさんは，「その時手術を決断した判断は正しかったと思っています。でも，今でも本当にそれでよかったのか，疑問を感じてしまいます。その疑問を医療スタッフに，どうしても聞けないのです。文句を言っているかのように取られるかもしれません

…」と語った。

　Aさんは，医師や医療を批判したいのではなく，心のうちにわきあがる葛藤を，誰かに静かに聴いてほしかったと考えられる。その後もAさんは，定期的に自分の心の内を語るために来談された。

　この事例のように，患者の中には，医療従事者に見せている頑張っている姿とは別に，心の奥に怒りや悲しみ，無力感をもち，それらの感情にどう向き合ったらよいのかと悩んでいる場合がある。心の支援をするためには，患者のこのような気持ちについて配慮して，安心して話せるような雰囲気をもって接することが大切である。

　その患者の葛藤は，患者が抱えている「どうしようもない苦しさ」や「無力感」をただ聴いてもらいたいだけであることが多いことにも目を向けることが大切である。

Ｂ　〔ケース2〕身体症状の背景にある心理的な意味にも着目する

　スクールカウンセラーとして赴任していた筆者は，Bさん（中2，女性）の母親（45歳）から，Bさんが不登校気味であることの相談を受けた。学校に行きにくくなったのは，中1の頃からであった。母親は，それまでの経緯を思い出しつつ話してくれた。Bさんは，小さなころから，真面目な頑張り屋で，困ることがなかったという。母親は仕事に忙しく，3人兄妹の末っ子であるBさんとはあまり関わる時間がなかったと感じていた。その話のなかで，思いついたように，母親はBさんが食べ吐きをしているかもしれないと話しはじめた。

　母親は，Bさんのそのような行動について理解できず，いずれ止むだろうとあまり気にせずにいたが，Bさんの過食は次第にひどくなっていった。Bさんが学校を休んでいる時は，家族の夕食に炊いた米がすべてなくなっている時もあったという。母親は，そのようなBさんの行動を見て困ったとは思ったが，そのまま新しく米を炊きなおしていた。

　過食という行為は，心理的なSOSのサインであると考えられる。言葉で伝えられないことが，行動として出ざるをえない，追い詰められた状況であると伝えた。母親自身もその意味がわかるが，どう対応してよいのかわからないと言った。

　私は，まず，Bさんの苦しい心情と，それを吐くという過食・嘔吐の心理的意味を伝えながら，Bさんの追い詰められた状況を理解することを促した。食べて

吐くことによって，心の内にある葛藤を吐くことができ，バランスをとっている。心身を守る意味での過食・嘔吐であり，その心の内の葛藤（汚物）を受け止めてもらいたいのは，母親であることなどを伝えた。また，父親からの娘への理解も必要であることを伝えた。

　母親とBさんは，一緒に面接に来談するようになった。最初にBさんにあった際に，次のように伝えた。「お母さんはBさんのことを理解したいと思っている。だからここに一緒に来てもらって，私は，お母さんとBさんの良い関係を一緒に考えていきたい。Bさんが食べ過ぎて吐いていることをお母さんは心配している。ここに一緒にきて，そのことだけではなく，二人の中でなんでも話ができるようにお手伝いをしたい」。

　その後，中3になったBさんは，高校進学を目指して，高校で部活に入りたいと語り，少しずつ学校にも通えるようになった。母親も子どもの気持ちを理解できるようになってきた。二人の面接において，Bさんが安心した表情を見せ，母子の関係が安定した頃には，過食・嘔吐も随分と減ってきた。

　「過食・嘔吐」のケースは，思春期の女性の相談によく見られる。過食を呈する時は気持ちが抑うつ的になりがちなので，医療機関では，精神的に安定する薬が処方される場合がある。

　一方，この症状について心理的に理解するためには，身体症状だけではなく，それらの症状がどのような経過の中で現れてきたのか，どのような家族関係の中で生じたのか，**なぜ，その症状が出ざるをえないのか**，などに着目して理解することが大切である。過食・嘔吐は，身体的な病気として現れるが，その背景に深く心理社会的要因が関係している。

　過食・嘔吐を呈する女性の病前性格は"まじめな頑張り屋"であることが多い。いわゆる「よい子」である。「よい子」は周囲の目を気にして期待に応えようと自分を形成するので，自分自身の本当の気持ちにそった判断が難しい。その「よい子」が思春期を迎えると，「自分がない」という自責の念に苛まれる。過食には，心の中にあるぽっかりと空いた虚しさを埋めようとする心理が働いていることが多く，自己不全感や寂しさを背景としている。

　それでは，嘔吐の心理はどうであろうか？　心の中の虚しさを食べ物で一杯にすると，その「虚しさ」を吐き出す行動が始まる。嘔吐には，心の中の虚しさや自己否定の感情を吐き出すという心理が働いている。娘の場合，そ

の気持ちは母親に向けられていることが多いが，母親は拒絶的な場合が見られる。このように心が壊れないように守っているともいえる。したがって「取り除くこと（治療）」を焦らないほうがよいともいえる。身体症状に示される心からのメッセージを読み解く視点も大切である。

　過食・嘔吐の事例の経過を見ると，娘が母親との関係において，本音（汚いもの）をぶちまけることができたことを通じて，心理的に安心するような関係性が形成されると，過食・嘔吐が減少する場合がある。つまり，身体症状の背景にある心理的な意味を，その家族自身が解いていくプロセスとして理解できる。

　以上のように，身体症状の背景に，心理的な意味が存在することは多い。日常を振り返って考えると，身体症状としての頭痛は，心理的にも頭が痛い状況にある場合に生じやすい。身体症状としての腹痛は，心理的にも，日々の課題などが消化できないような場合に感じやすい。首が回らないときは，多くの課題を抱えて首が回らない状況となっているなどがある。身体症状を心理的な視点から見直してみることも大切である。

Ⓒ 〔ケース3〕病いと共に生きていること

　Cさん（40代，女性）は，神経質で気難しそうな印象が伝わってくる方であった。カウンセラーに対する不信感がある方は多い。患者の中には，その病気になったことによる苦しさは，誰にも本当のことはわかってもらえないと思っている場合がある。

　Cさんは，思春期の頃，腫瘍の手術を受けた。医師からは，いまは悪性腫瘍ではないが，手術を受けないとその後悪化する可能性があるため手術をすすめられた。手術は非常に難しいと説明を受けたが，幸いなことに成功した。安心して忘れていたところ，40歳になって病気の再発がわかった。手術では取り除くことが難しい位置にあり，失敗すると麻痺などの後遺症が残る可能性があると言われた。現時点では悪化しているわけではないので，手術はしていない。

　Cさんはいつ爆発するかわからない生き物が自分の中にいるような違和感，取り除きたいがまだそれが生きている感覚を訴えた。医師は病気について丁寧に説明をしてくれたが，自分としてはどう生きていけばよいのか不安になった。

　Cさんはインターネットでその病気について必死に調べた。調べれば調べるほど，不安や恐怖が増してしまった。一時は思いつめて自殺を思うこともあったと

言った。そして，ある人の言葉にたどり着いたという。

「生きていること，いま生かされていることに意味がある」「生かされているからこそ，生きていいという意味である」という言葉であった。

　この方のように，治療できない病と一緒に生きるとき，「どのように生きればよいのか」と絶望することは当然である。「なぜ，自分だけが…」と，自分の病気の不運とどのように付き合えばよいのかと悶々と苦しんでいる。その答えは，その人の心の内にしかないので，医療従事者は，その方なりの答えの出し方を支え，見守る姿勢が大切である。また，患者によってどのように病を受け入れているかは異なるので，患者の語りに傾聴して，そこから学ぶしかないといえる。

Ⓓ 〔ケース4〕痛みと戦うことから，痛みと共に生きることへ

　Dさん（22歳，男性）は，腕の痛みのことで相談に来た。高校生の時に，急に，刺さるような腕の痛みを感じはじめた。小さい頃から野球を毎日頑張ってきたが，その痛みから断念せざるを得なかったという。外科を巡って詳細に身体の検査をしてもらったものの，何の問題もないと医師から言われた。精神的なストレスではないかと言われたが，本人はその痛みを本当に感じていた。痛みは日常的にあり，何かに触ると強い痛みに跳ね上がってしまう。しかし，その様子は周囲の誰からも理解されなかった。そればかりか，母親に何度も訴えると，それは思い過ごしだから「もういい加減にしてほしい」「何をしてほしいのか」と責められたこともあった。次第に，その痛みがあるために意欲もなくなってきた。寝ていても目が覚めると痛みが襲ってきたので，ただ痛みに耐えながら静かにしていた。小さい頃から親の目を気にする性格であったが，勉強に集中できなかったために成績は落ちて親の期待に沿えない存在となった。その結果，自分を大切に思えず自信を失った。親の期待に沿えないので家族の中にいることが苦しくなって，大学は県外に出た。

　Dさんは，この腕の痛みによって自分のすべてが壊されたと感じていたので，痛みを何としても治そうと通院しはじめた。しかし，不思議なことに，痛みを恨めば恨むほど，その痛みは強くなってしまった。

　筆者は，丁寧にこれまでの経過を聴いたのち，その痛みは，身体の痛みではなく，心の痛みが転嫁しているようであったと伝えた。彼の痛みは何かを彼に伝え

ているように感じた。そして、「痛みに意味がないことはない、何らかの意味がある」ことを伝えた。彼は次第に「痛みを憎しみ、痛みと戦っていた自分」が見えてきたと言った。

これまで痛みは排除するべき対象であったが、それから少し解放されることを語った。次第に「痛みと共に生きていけるかも」と思えてきた。「そう考えると、日々の世界が違って見えてきた」と語った。

このケースは、心理的な痛みが身体の痛み（慢性疼痛：特定の原因がないのに、痛みが慢性的に続くもの）に転嫁する例である。このように心理的な痛みは「治療」することが難しい。その痛みにどのような意味があるのかがわかりづらく、さらには、痛みという症状によって守られている場合もある。例えば、体の痛みを感じることによって、心の痛みを感じずに済む場合もあるからである。それだけ心の痛みが大きいと考えることもできる。心理的な痛みの観点から、体の痛みに目を向けると、患者の心が見えてくると考えられる。心のケアには大切な視点である。

Ｅ （ケース5）死に瀕した夫のことを語る女性

夫が末期がんによって死に瀕していたＥさん（30代、女性）のケースである。医療従事者は、死に瀕している患者の家族をどのように支えることができるであろうか。

Ｅさんは、夫に対して自分の愚痴は言えないし、病院スタッフは治療に専念してくださっているから、自分の不安は言いにくいということであった。また、家とも病院とも職場とも異なる立場のカウンセラーなら「今の気持ちを安心して言えるのではないか」「素の自分の気持ちを言えるのではないか」と言った。夫はすでに何度も入退院をくり返していた。

Ｅさんは「自宅に帰るたびに、夫はよくなるに違いない」と一縷の望みを感じていた。「残された時間を大切にしたいと思っています」「そう思うと、普通に食事を一緒に食べられる時間をかけがえなく感じています」と語った。

筆者は、面談をするたびに、刻々と変容する状態の中で、Ｅさんがどのような気持ちの中で生きているのかを感じ取ることができた。またＥさんも、「先生とお話をすることで、自分の気持ちを感じ取ることができるのです」と言った。

ある時、筆者はただ聴いているだけであることにいたたまれない気持ちになっ

て「ここにお話しに来られるのは，どうしてでしょうか？」と尋ねた。

　Eさんは「お話しすることで，夫との病院での日々を知っている人が，この世界に一人だけでもいることが大変ありがたいのです」と答えた。筆者の中でも，日々消えてしまうEさんと夫の時間が自分の内に蓄積されているように感じられた。Eさんの語る風景を思いながら，お会いしたことのない夫のことを想像した。"聴く" ことによって事態がよくなるわけではないが，この夫婦がどのように生きたのかを知っている人がいることは，ささやかながらEさんの生きる力になることが伝わってきた。

　ある時，「夫が自宅生活に戻るので，この先いつお話しできるかわかりません」とEさんは言った。その後しばらくして来談された時に「夫は亡くなりました。でも，まだ生きているように感じます。一緒に生きている感じです」と涙ながらに語った。夫婦の闘病の歴史を同じ時間で過ごした筆者だからこそ，夫の死後の話しを伝えに来てくれたのであろうと思われた。同じ時間を過ごしてきたからこそ，夫婦と同じ時間にいることができたと思われた。

　このケースから，死に瀕した方の家族は，その日その日を何とか崩れないように生きていることがわかる。その日々の苦しさを安心して語ることができる相手がいることは，「病の治療」「症状をよくすること」ではないが，その人が生きている証としての意味があったと考えられる。医療現場において，医療従事者による傾聴は，そのような人たちが「生きた証」として，大きな心理的な支えになることができる。

13.2節　傾聴のためのポイント

　前節の事例を見てわかる通り，語り手が安心して語るためには，聴き手が傾聴することが大切である。語りは，語る人－語られる人という関係性によって成立するがゆえに，聴き取る側の姿勢が求められる。以下に述べるような傾聴のポイントを理解しておくと，カウンセリングの手助けになる。その結果，語り手と聴き手には深い信頼関係（つながり）が生まれる。また語り手側には，自己理解が進み，自己受容や自分を客観的にみることができるような変容が生じてくる。

A. 傾聴はテクニックというよりも心構え

人が"本当のこと"を話すためには，話す場が「守られている」ことが重要である。人は，安心できる相手に本音を話すことができる。傾聴は，テクニックというよりも，むしろ，傾聴しようとする心構えといった方がよい。聴く側は，「よくしてやろう」「治療するぞ」などと思わず，全身全霊で話しを聴こうとする。そのような姿勢によって，患者の語りが促進される。悩む人の話しは，矛盾したり，まとまりがない場合が多い。その場合，「矛盾は，矛盾のままに」聴き取る姿勢が大切である。

B. 患者の気持ちに寄り添うこと，その意味を聴き，気持ちに応える

患者の話す内容の理解も大切であるが，その背景にある悲しみや怒り，無力感など気持ちに寄り添うことが大切である。「〜ができなかった」とか「〜が間違っていた」という事実やその改善を求めるのではなく，それをどのように感じているのか，どのように意味づけているのかに着目する。

C. 価値判断を保留し，早急な結論は出さない

危険な言動や不適応的な行動について語られることも多い。例えば，子どもに暴力をふるった，学校をずる休みした，不登校になったなどの話しが出たら，助言をしたり，何とか止めようとしたり，時には叱りたくなるような気持ちにかられることもある。傾聴においては，そのような価値判断を保留する。つまり，自分の価値観で決めつけない。自分の価値観とは自分の経験に基づくものであり，一般化できるものではない。また，面接の時間内で結論を出さないといけないなどの焦りや，「〜すべき」という理由から，早急な結論を出すことが求められがちである。しかし，早急な結論は，相談している本人にとって意味をなさない場合が多い。傾聴では，価値判断を保留して，良いことと悪いことの両方を安全に聴き取れることが大切である。

D. 「無知の姿勢」を大切にする

クライエントの心の軌跡はそう簡単には理解できない。だからこそ，「無知の姿勢」「教えてもらう姿勢」でじっくりと聴こうとする心構えが必要で

ある。その場合，思いこみに注意する。知らないからこそ，傾聴することが重要である。

E. 自分が感じた言葉で言い表してみる

相手のものの見方を自分のものとして見る能力を高めるために，クライエントの言葉をくり返して，自分が感じた言葉で言い表してみる。クライエントが納得すれば，理解が十分であったとわかる。相手の感情を映し出す鏡のような存在になれたらよい。

F. 患者・クライエントの全体に目を配る

しぐさ，声の調子，姿勢，手や目の動きなど全体を見る。話しの内容と違った様子はないか，緊張していないか，不自然な様子はないかなど，非言語的なコミュニケーションにまで目を向ける。医療現場においては，専門用語を用いて正確に病態を伝えることが不可欠であるが，心は言語によらない部分が多い。心の声において，言葉によるコミュニケーションはごく一部であり，多くは，非言語的なコミュニケーションによって成り立っていることに気をつける。

G. 自分に気づくこと

医療従事者・カウンセラー自身の身体的・精神的状態について知っておくことが大切である。自分の心の調子が悪いと，患者の話しを聴くうえでの感受性が落ち，相手の気持ちを受け止める「心の器」が働かない場合が多い。その場合は，自分の生活を見直してゆとりをもち，気持ちが落ち着けるようにしてから，話しを聴くなどの工夫をする方が望ましい。

13.3節 心の声の「守秘」を守り，多職種にどう伝えるのか

チーム医療や多職種連携において情報の共有は大変重要である。一方，心の声についての守秘義務の取り扱いは，そのすべてを共有できるものではない。むしろ，患者は「誰にも話したくないこと」を，その人（医療従事者・

カウンセラー）を信用しているからこそ語るのである。心の声の取り扱いは，他職種に「情報を伝達する」こととは違った意味での難しさが生じてくることに留意しなければならない。

　患者やクライエントの心の声を聴いたのち，他職種の専門家に説明する必然性がある場合，患者やクライエントにその了解を得ることが望まれる。例えば「精神保健福祉士さんにも，そのお気持ちを理解してもらった方があなたの治療を続けるうえで大切であると思う」ので，「精神保健福祉士のFさんに，特に，あなたのお悩みについてお話をしてもよいでしょうか？」などのコミュニケーションが必要である。

　誰に対して何を伝達すべきか，その理由として，患者やクライエントの支援を行ううえで必然性があることを丁寧に説明する。

　このような「守秘事項」の取り扱いにこそ，患者やクライエントの心に対して尊重する姿勢や態度が現れてくる。患者やクライエントにとっては，"この人は信じるに足る"と思える瞬間である。

　このように，心の声を聴き取り，その人の支援の必然性をもとにその人にとっても納得できる言葉で説明することによって，その人との深い信頼関係を得るならば，多職種との支援体制へとつなぐことができる。

13.4節 | 心を扱うために―スーパービジョンの大切さ―

　スーパービジョンとは，一般的には，ある施設や職場において初心者（スーパーバイジー）が施設長・管理者・経験者等の指導者（スーパーバイザー）から教育・指導を受ける過程をいう。

　心の問題の教育・指導は「心理臨床スーパービジョン」とよばれる。医療機関では，その職場の上司が教育・指導をする場合が多いが，心の問題の場合，スーパーバイザーとスーパーバイジーの多重関係（上下関係によって，さまざまなバイアスが生じやすい）を避けるために，外部の心理職の方に依頼することが多い。単に知識や技能を伝えることではないからである。心の葛藤や悲しみには，生育歴や家族関係がその問題を形作る要因となっていることや，激しい怒りや自己否認の気持ちが隠れていることも多い。心は大変

複雑であり，スーパービジョンの際には心理的な動揺が生じやすい。スーパービジョンによって，以下のような効果が期待できる。

A. 俯瞰の場としてのスーパービジョン

　心理臨床スーパービジョンは「患者・クライエント－医療従事者・カウンセラー(スーパーバイジー)－スーパーバイザー」という3者関係によって構成されている。スーパーバイザーは，答えを出すのではなく，黒子のように振る舞うことが大切である。主役である二人（クライエントとカウンセラー，患者と医療従事者）の心のやり取りは，スーパーバイジーとスーパーバイザーの関係に鏡のように映し出されることとなる。医療現場とは別の場所・時間で，スーパーバイジーが自らを振り返ることによって，医療現場での感情体験を振り返る"俯瞰"が生じてくる。

B. スーパーバイザーの役割

　スーパーバイザーは，スーパーバイジーの内に生じてきた気持ちやクライエント（患者）のイメージを聴き取る。クライエント（患者）の具体的な言動やスーパーバイジーが捉えたイメージに映し出される情報やイメージの断片をもとに，スーパーバイザーは，会ったことのない患者やクライエントのイメージを再構成あるいは統合する。スーパーバイザーは，自らのうちに再構成された"クライエント（患者）の心のイメージ"を，スーパーバイジーに伝える。そして，その2つのイメージの"ズレや齟齬"について，なぜそれが生じているのか，スーパーバイジーに"問う"ことから，理解が深まっていく。クライエント（患者）の気持ちとの"ズレや齟齬"は，そのスーパーバイジーとスーパーバイザーの見え方の違いである。

　心を扱う世界観や価値観，例えば，見守る，成熟する，聴き取るなどを言葉だけで伝えることはとても難しいが，スーパーバイジー自身が経験してきたクライエント（患者）の心の様相を通してならば納得がいきやすい。

C. スーパーバイジーを"守る"スーパーバイザーのあり方

　クライエント（患者）との関係を通して，スーパーバイジーの内に，素の

自分自身の課題と直面化するなどの苦悩が生じやすい。スーパーバイジー自身の人格が問われ，感情への揺さぶりなどの危機が生じやすい。

"スーパーバイザー－スーパーバイジー"の関係は，"カウンセラー－クライエント（患者）」の関係を映し出している。スーパービジョンは，スーパーバイザーによる一方向的な教育ではなく，スーパーバイザーがその関係を「共に」「生きる」ことによって，スーパービジョンが安全な場であることとなる。その安全な場によって，スーパーバイジーが自分を見つめ，心を扱う難しさや自分の気持ちに気がつくことができる。

　嵐のように揺れる患者の心というものに寄り添うために，心理的支援を行う側にも，安全に心に寄り添ってもらえるスーパーバイザーによるサポートが大切である。

引用文献

竹森元彦，スーパービジョンにおける，クライエントとヴァイジーを"見護る"眼差し，京都大学大学院教育学研究科　心理臨床スーパービジョン学，第4号，p.112-128，2018.

索引

編著者紹介

竹森　元彦
香川大学医学部臨床心理学科　教授

NDC 140　　223 p　　21cm

医療系のための臨床心理学

2023 年 5 月 23 日　第 1 刷発行

編著者	竹森元彦	
発行者	髙橋明男	
発行所	株式会社　講談社	KODANSHA

〒112-8001　東京都文京区音羽 2-12-21
　　　　販　売　(03) 5395-4415
　　　　業　務　(03) 5395-3615

編　集　株式会社　講談社サイエンティフィク
代表　堀越俊一

〒162-0825　東京都新宿区神楽坂 2-14　ノービィビル
　　　　編　集　(03) 3235-3701

本文データ制作　株式会社双文社印刷

印刷・製本　株式会社ＫＰＳプロダクツ

Printed in Japan

ISBN 978-4-06-530389-4